마음을 여는 소통의 7가지 열쇠

슬기로운 소통생활

마음을 여는 소통의 7가지 열쇠

슬기로운 소통생활

지음

곽유진 민현기 박현정 신영원
윤 란 윤혜진 이수정 이정미

출판
이안

소통은 숙명이다

우리에게 주어진 소통이라는 숙제

인간의 삶을 바라보는 시선은 학문적 관점마다 정의가 다르다. 인간은 행복을 추구하기 위해서 산다고 했던 그리스 철학의 목적론이나 그저 삶 자체를 위해 즐거움을 수단화하며 지낸다고 보는 진화론적 관점 등이 대표적인 예다.

하지만 이런 다양한 정의에도 한 가지 공통점을 가지고 있으니 바로 '인간관계'를 통해 자신의 존재를 확인하며 타인을 이해하며 성장을 도모한다는 것이다.

의학적으로 '생명'으로 규정되는 순간부터 세상과 '연결'된 삶을 시작하는 인간은 전 생애에 걸쳐 타인과 관계를 맺으며 개인의 정체감 형성과 발달을 추구하며 살아간다.

관계의 핵심은 의사소통이다. 고로 '의사소통'은 단순한 말의 교환을 넘어 인간의 뜻과 생각을 온전히 교류하여 관계를 통한 공동의 목적을 달성케 하는 숭고한 작업이다. 인간 사이의 소통이란 상호 교환하는 말의 형태(언어 혹은 비언어, 음성 혹은 비음성)는 물론 그 안에 숨겨진 '의사(意思)'를 온전히 들여다보고, 때론 인간이 가지는 감정체계를 이해하는 등 복합적인 요소들로 구성되어 있다. 이는 의사소통이 어느 정도의 방법적으로 접근할 수는 있어도 모든 소통체계를 방법적 측면으로만 접근해서는 이해하기 어렵다는 것을 시사한다.

세상 모든 만물과 관계를 맺고 사는 인간의 '복잡성'이라는 특성만큼 대인관계에서 오는 소통의 방식과 방향은 매우 복잡하게 전개된다. 인간을 대상으로 하는 만큼 인간의 다양성에 대한 이해와 대화 속 맥락의 해석, 타인에 대한 공감과 소통을 넘어서는 관계의 연결 등 수반되는 수많은 요소들을 고려해야 소통을 제대로 이해할 수 있다.

소통의 두 얼굴

인간의 소통은 단순히 기술적으로만 접근하면 안 된다. 소통을 '휴먼 커뮤니케이션(human communication)'이라고 부르는 만큼 고차원적인 방법으로 접근해야 소통에 대한 이해를 바로 할 수 있다는 것을 항상 염두에 두어야 한다.

> "훌륭한 의사소통은 블랙커피처럼 자극적이며 후에 잠들 기가 어렵다."

미국의 작가이자 수필가 A.M 린드버그의 말은 시사하는 바가 크다. 인간 사이의 소통을 통해 좋은 관계를 얻고, 원하는 것을 이루며, 자신이 원하는 만큼 성장을 이룰 수 있다면 의사소통은 잠을 이루기 어렵게 하는 달콤한 선물이 될 수 있다.

하지만 모든 것에는 양날의 모습이 존재하는 법, 소통은 인간관계에서 마냥 즐거운 결과만 안겨주지 않는다.

이 책은 의사소통을 '잘 하고' 그로 인해 인간관계를 '잘 알게' 되어 결국 서로를 '잘 자랄 수' 있게 하는 몇 가지 방법을 담았다.

모든 사람, 모든 상황에서 통하는 소통방법은 없지만 되도록 대부분의 환경에서 많은 사람들과 교류할 때 유용하게 쓰일 소통법을 다루었다고 생각하면 무난할 것 같다.

부디 책을 열고 읽는 과정과 마지막 덮는 순간에 당신이 선택한 이 책과 즐겁게 소통할 수 있길 바라며, 또한 이 책과 맺은 관계를 통해 최소한 지금보다 한 뼘 더 성장하는 당신이 되길 기도한다.

수작연구회 레인메이커

CONTENTS

Chapter 1

'나와 너'를 '우리'로
이어주는 관계의 기술

관계는 열쇠 관(關)에 이을 계(係)로 이루어진 말이다.

여기에서는 관계 속에서 늘 넘어지며 성숙해가는 우리가 관계의 열쇠를 제대로 사용하는 데에 필요한 몇 가지 방법을 제시한다. 서로의 세상에 문을 열고 들어서기부터 그것이 점점 깊어져서 '우리'로 이어져가는 과정을 자기노출의 기술로 풀어내고 있다.

01 무엇이 나를 나답게 만드는가

" 어떤 삶을 살고 싶으세요?"

우리는 매 순간 크고 작은 목표들과 씨름하며 일상을 살아낸다. 마치 그것들이 삶의 목적이라도 되는 것처럼 치열하게 좇느라 제대로 주변을 돌아볼 여유조차 없다. 목표를 이루고 뛸 듯이 기뻤다가도 바로 다음 순간 생각대로 일이 잘 풀리지 않으면, 내가 서 있는 그 곳이 바로 지옥이다. 그러다 문득 삶의 목적에 대한 질문을 받는다면, 대부분의 사람들은 다음과 같은 대답을 내놓을 것이다.

" 행복하게, 잘."

과연 우리 삶에서 행복을 결정하는 요소는 무엇일까. 하버드대학교 성인발달 연구팀의 총 책임자 로버트 월딩어는 75년간의 연구 끝에 '인간관계'가 건강과 행복을 좌우하는 결정적 요인이라는 것을 밝혀냈다. 처음 연구에 참여했던 724명 중 60여 명이 지금까지 생존하여 현재까지도 연구가 활발히 진행 중인데, 이 연구를 시작할 때 참가자 대부분의 삶의 목표는 부와 명예였다. 그러나 이들이 50대 후반에 이르렀을 때, 대부분의 참가자들은 건강한 삶의 조건으로 '인간관계'를 말하기 시작했다.

언젠가부터 용건 없이 선뜻 안부전화를 걸기가 망설여질 만큼 모두가 바빠졌다. 사람은 본능적으로 세상과 연결되기를 원하고, 누군가와 관계를 맺으면서 세상과 연결되어 있음을 확인한다. 그래서 이런저런 이유로 혼자서 오랜 시간을 보내다 보면 설령 고독을 사랑하는 시인일지라도 분명 의기소침해지는 순간이 온다. 이때 누군가는 전화기를 만지작거리거나, 소소한 눈맞춤이 오가는 동네 카페를 찾아 다른 사람들이 만들어내는 백색소음 속에서 안정감을 느끼기도 한다.

"건강은 단순히 질병이 없는 상태가 아닌, 육체적, 정신적, 사회적, 영적으로 온전한 것이다."

세계보건기구(WHO)에서 내리는 건강의 정의다. 여기서 사회적 온전함이 가리키는 것은 타인과 맺는 관계의 질이다. 이 정의에 따르면, 건강을 위해 아침 저녁으로 한 움큼씩 영양제를 털어 넣는 대신 가까운 사람들과 소주 한 잔 기울이는 것이 어쩌면 건강을 위한 더 나은 처방일지도 모른다.

직접 마주할 때에만 알 수 있는 것들, 진심

J의 인생에서 가장 수다스러웠던 시기는 여고시절이다. 야자를 마치고 학교 언덕길을 내려오다 짝꿍과 눈이 마주쳤다. 갈림길에서 헤어지기 직전에 깐깐한 야자 감독 선생님의 뒷담화가 시작되었다. 여고생의 시시콜콜한 연애사부터 거창한 인생계획까지 늘어놓고 나니 거짓말같이 시간이 흘렀다.

828282828282828282828282

빨리 오라는 아버지의 호출이다. 마음을 졸이며 현관에 들어서자마자 아버지의 불호령이 떨어졌다. 그렇게 크게 혼이 난 적은 이전에도, 그 이후로도 없다. 90년대 말, 귀갓

길 여성을 상대로 한 강력범죄가 신문의 사회면을 장식하던 때라 이제 와 돌아보면 그 날의 장면이 충분히 이해가 되고도 남는다. 하지만 당시에는 태어나서 처음 보는 아버지의 화난 모습에 그녀는 너무 놀라서 아무 말도 못하고 가만히 서 있기만 했다. 얼마쯤 지났을까?

"미안하다."

방금 전까지 불호령을 내리던 아버지의 목소리가 떨리고 있었다. 한 번쯤은 늦을 수도 있는 것 아니냐고 따져 묻고 싶던 마음이 순식간에 후회로 밀려왔다.

"아빠, 잘못했어요."

그 순간 그녀를 돌아보게 한 것은 '미안하다'는 말도 아니고, 아버지의 엉거주춤한 바디랭귀지도 아니었다. 직접 마주할 때 저절로 알아지는 것이 있다. 상대방의 진심에서 느껴지는 깊은 울림. 바로 진정성이다. 이것은 좋은 글귀나, 진지한 자기성찰만으로는 절대 알 수 없는 것이다.

자식은 부모의 사랑을 직접 경험하며 성장하고, 부모는 이렇게 속 썩이는 자식을 키워내며 성장한다. 세상의 모든 관계는 이렇게 주거니 받거니 하면서 서로를 성장시킨다. 그 날

밤, 그녀의 아버지는 처음으로 엄한 아버지가 되었고, 늘 어리광만 부리던 그녀는 그제서야 조금씩 철이 들기 시작했다.

'신경 가소성 이론'에 따르면 사람의 뇌는 외부의 자극을 통해 끊임없이 변화한다. 여기서 가장 강력한 자극은 사람과의 관계를 통한 직접 경험을 통해 얻어진다. 우리의 뇌는 경험에 대한 반응으로써 신경경로를 재설계하고 사고방식과 행동패턴을 바꾸어 새로운 환경에 적응하게 되는데, 이러한 변화를 위해서는 직접 경험을 통해 스스로 시행착오를 겪어내야만 한다. 이 성숙의 과정이 누군가에게는 특히 많은 노력을 필요로 하기도 하며, 가끔은 시작할 엄두조차 나지 않아 한쪽에 밀어둔 숙제처럼 부담스럽기도 하다.

장자는 누군가와 관계로 맺어진다는 것은 서로의 다름을 인식하는 데서 시작하여, 궁극적으로는 내가 이전의 나로부터 변화되는 것을 의미한다고 말했다. 언제나 익숙한 것으로부터 탈피하는 과정은 고통스럽다. 그러나 우리가 진정으로 성장하기 원한다면, 이 과정을 견뎌야 한다. 이러한 노력을 기꺼이 쏟아부었을 때, 지금까지의 내 모습이 관계 속에서 만들어졌듯이 앞으로도 그렇게 성장해 갈 것이다.

02 우리에게 관계가 어려운 이유

사람들은 대개 가까운 사람들과 좋은 관계 속에서 지내고 싶어한다. 그러나 우리는 본능적으로 자기중심적인 성향을 가지고 있어 나도 모르게 서툰 관계 맺기를 반복하기 마련이다. 갈증이 나면 마실 물부터 찾게 되는 것처럼, 누구에게나 세상에서 가장 중요한 '나'를 먼저 인정받고 싶은 본능이 있다. 서로가 인정에 목말라 자기 이야기를 쉴 새 없이 쏟아내는 동안, 그 관계는 오히려 점점 더 메말라가고 있는지도 모른다. 세상과 나의 관계가 어느 순간 공허하게 느껴진다면, 인정받으려는 본능을 잠시 내려놓고 이성의 눈으로 상대의 눈을 바라보라. 곧 상대에게 물 한잔 권할 마음의 여유가 생길 것이다.

"그날 나 어땠어요? 제가 너무 말이 많았죠? 그때 그 말은 하지 말 걸 그랬죠?"

조용한 카페에서 한쪽에 앉은 여성이 쉴 새 없이 자기 이야기를 늘어놓는 동안 상대방은 이따금씩 끄덕끄덕 공감을 클릭하며 자리를 지키고 있다.

"그날은 눈치가 보여서, 제대로 말도 못 했어요."

카페가 쩌렁쩌렁 울리도록 하소연하던 그녀는 마지막으로 이렇게 말하고 한숨을 몰아쉰다. 주변 사람들은 안중에도 없이 온통 자기에게만 관심이 쏠려있으면서 눈치 보느라 말도 제대로 못 했다고 하니, '눈치'가 무슨 뜻인지 모르는 눈치다.

심리학에서는 눈치를 '자기 모니터링(self-monitoring)'으로 설명한다. 눈치가 높은 사람(high self-monitoring)은 자신의 행동이 상황에 적절한지에 대한 관심이 높아서 상황이 달라지면 그에 따라 행동도 달라진다. 눈치가 낮은 사람(low self-monitoring)은 다른 사람의 행동이나 말 등의 외부적인 단서에 대한 관심이 낮아서 자신의 내적인 감정 상태나 태

도에 따라 자신의 행동을 결정한다.(상담학사전)

이처럼 심리학에서 말하는 눈치는 타인의 반응에 따라 자신의 말과 행동을 조절할 수 있는 능력을 말한다. 카페에서 만난 고민녀는 남 눈치를 보느라 신경이 쓰인다고 하소연하고 있지만, 정작 타인의 반응에는 무심해 보인다. 마찬가지로 하루 종일 주변을 의식하느라 기진맥진했던 날들을 돌아보면 나를 괴롭히는 대부분의 기억들은 남이 아닌, 내가 한 행동들이다.

'입이 방정이지. 왜 거기서 그 말이 나왔을까? 그런 내가 얼마나 한심해 보였을까?'

이렇게 내 생각뿐이면서 나도 모르게 남 탓을 하고 있었던 건 아닌지 나부터 먼저 돌아볼 일이다.

딸깍딸깍, 공감클릭!

최근에 블로그를 시작한 J에게 가끔 '소통'하고 지내자는 이웃신청이 온다. 그런데 그녀의 이웃들은 하나같이 서로 자기 이야기를 하느라 정신이 없다. 이웃들의 주말 나들이와 신상 명품백을 한참 구경하다 보니 슬슬 부아가 치민다. 오늘도 다크써클이 턱밑까지 내려왔고 명품백은 10년 전 예물뿐이지만 공감은 사랑이라니 그저 습관처럼 하트를 클릭한다.

얼마 전, J는 오랜만에 만난 지인이 배우 김혜수와 '친구'라는 말을 듣고 한참을 부러워한 적이 있다. 페이스북 친구를 그럴듯하게 말한 지인도, 그걸 또 곧이곧대로 들은 그녀에게도 문제가 있지만 '친구'라니, 싸이월드 시절의 '일촌'보다는 훨씬 그럴듯하게 들렸을 법도 하다.

세월이 흐르면서 그 뜻이 달라지는 단어들이 있다.

'마노라'는 중세 국어에서 남녀 모두에게 사용되는 윗사람에 대한 존칭의 표현이었다. 이후 근대 국어에서는 신분이 높은 여성에 대한 존칭으로 그 의미가 축소되었고, 신분제도가 무너지는 조선 후기에 들어와서는 늙은 부인이나 아내를 가리키는 말로 두루 쓰이게 되었다. 그러다가 현재

는 아내를 허물없이 부르거나, 중년 여성을 낮추어 부르는 것으로 그 뜻이 완전히 바뀌었다. (국립국어원)

요즘은 클릭 한 번으로 '친구'가 되었다가 상대방의 일방적인 클릭으로 절교를 당하기도 하고, 하루에도 몇 번씩 '공감 눌렀어?'라는 질문을 받기도 한다. 공감이라는 말의 온기도 이렇게 서서히 식어가다가 나중에는 마누라만도 못한 것으로 변해버릴지 모른다고 생각하니 마음 한구석이 허전하다.

이대로라면 언젠가는 돈을 내고 심리치료를 받지 않고서는 공감 한번 제대로 받기 어려운 시대가 올지도 모르겠다. 벌써부터 몇 가지 프로세스만 익히면 전문가 못지않게 상대방을 공감할 수 있다고 선전하는 코칭학원들이 생기기 시작했다. 머지않아 강남 일대에는 로봇이 결코 대체할 수 없는 공감력을 키우겠다고 우후죽순 공감학원이 들어설지도 모르는 일이다.

SNS의 발달로 사람들을 이어주는 매체가 다양해지고 관계를 바라보는 사람들의 관점도 많이 달라졌다. 혼술과 혼

밤은 이제 유행이라기보다는 일상이 되었고, 과거 '끈끈한 우리'를 대신해 '느슨한 연대'가 자리 잡았다. 소통의 창구가 다양하고 방법이 간단해졌지만, 사람들은 점점 혼자가 되거나, 비슷한 사람들과 비슷한 것들만 공유하며 점점 그들만의 세상으로 빠져든다. 앞으로의 소통은 분명 우리가 지금까지 알던 것과는 아주 다른 방식으로 발전하게 될 것이다. 다만 어느 시대에도 '공감'이라는 소통의 뿌리는 그 나름의 방식으로 서로를 견고하게 이어주도록 반드시 진심을 담고 있어야 한다. 그래서 서로에게 깊이 연결되었을 때에야 비로소 관계(關係)로 이어질 수 있는 것이다.

입장을 바꿔서 생각해 보라고요?

상대를 공감하려고 애쓰다 보면 흔히 하는 실수가 있다. 역지사지(易地思之).

"코치님, 코치님, 입장 바꿔놓고 생각해보세요. 저 너무 억울해요. 이게 지금 말이 되나요?"

숨이 넘어갈 듯 달려와 하소연 하는 후배의 이야기를 다 듣고 보니 상대방의 사정도 못지않게 억울하다. 물론 공감이나 수용이 항상 동의를 의미하는 것은 아니다.

하지만 자신의 이야기에 끝까지 동의해 달라는 간절한 눈빛을 바로 앞에 두고 빙빙 돌려 대답하는 것도 여간 어려운 일이 아니다. 누군가에게는 하늘이 두 쪽 나도 안 될 일이, 반대편에 있는 사람에게는 그저 융통성 없고 답답하게 느껴지는 경우도 많다.

어느 날엔가 퇴근하고 돌아온 남편의 어깨가 축 처져있기에 J는 신랑의 기분을 풀어주려고 이런저런 이야기를 늘어놓으려던 참이었다.

"여봉~, 내가 그 맘 알지."
그러자 그녀의 신랑이 한마디 툭 던진다.
"나를 다 안다고 생각해?"
"……?!"

멀뚱히 그녀를 쳐다보는 신랑을 앞에 세워두고, J는 수다스럽던 말문이 턱 막힌다. 하루 종일 밖에서 시달렸을 신랑의 입장에서 나름대로 충분히 공감했다고 생각했는데, 이렇게 말하는 남편을 보니 당황스러운 마음에 그녀는 서러움이 복받쳐 올랐다.

속속들이 다 알 것만 같던 가까운 사람에게도 이렇게 낯선 모습이 있다. 가만히 생각해 보면 상대방을 이해하는 것도 오해하는 것도, 모두 나의 경험을 바탕으로 만들어 낸 나의 생각이다. 단지 입장을 바꾸어 보는 것만으로는 누군가를 온전히 공감하기 어려운 이유가 바로 여기에 있다. 내가 아무리 열심히 머릿속으로 입장을 바꾸어 생각해 보아도, 나와는 사고방식과 지나온 경험이 전혀 다른 상대방을 이해하기란 결코 쉬운 일이 아니다.

나의 경험을 가지고 누군가를 섣불리 다그치거나 위로하려던 마음을 내려놓으면, 어렴풋이 그 사람의 마음이 느껴지기 시작한다. 공감은 서로의 생각이 같음을 확인하는 것이 아니라, 오히려 서로의 입장이 다를 수도 있다는 것을 인정하는 것에서부터 시작한다.

인정과 수용이 우리를 성장시킨다.

J는 신혼 초에 기선제압을 해야 한다는 언니들의 조언에 따라 남편의 코를 납작하게 눌러 줄 기회를 호시탐탐 노리고 있었다. 집안행사를 마치고 시월드에서 돌아오던 어느 날, 그녀는 그 날의 일들을 신랑에게 실컷 분풀이해버렸다. 하이라이트로 그녀의 남편이 얼마나 좋은 아내와 살고 있는지 열변을 토하느라 얼굴이 시뻘겋게 달아오르기까지 했다.

"오늘 정말 고생했어."

그녀의 이야기를 가만히 듣고만 있던 남편이 한 마디 하고 고개를 끄덕끄덕 하는데, J는 갑자기 왈칵 눈물이 났다. 그 이후로도 이 부부에게는 제대로 붙어보지도 못하고 싱겁게 끝나버린 전투가 몇 차례 더 있었다.

10년이 지난 지금, 그때와 달라진 것이 있다면 가끔 남편이 하던 역할을 그녀가 맡기도 한다는 점이다. 남편의 내공이 그녀에게 그대로 전수된 덕분이다.

인정과 수용은 우리에게 나와 상대를 동시에 바라볼 수 있는 여유를 준다. 그리고 그 경험은 어디서든 그것을 다른 사람과 나눌 수 있도록 서로를 성장시킨다.

사회적 교환이론에 따르면, 관계를 위한 투자와 그로 인한 보상의 정도가 인간관계의 가치를 결정한다고 설명한다.

가끔은 상대의 하소연을 듣느라 진이 빠지고, 한없이 퍼주어도 당장 돌아오는 보상 따위는 없는 것 같아서, 친구의 무제한 전화 요금제가 원망스러울 때도 있다. 태생이 나르시시스트인 우리에게 아무런 대가도 없이 상대방을 인정하고 공감하는 일은 엄청난 에너지를 필요로 하기 때문이다.

그런데 그 소모된 에너지는 에너지 보존의 법칙에 따라 상대에게 고스란히 전달되고, 관계를 유지시키는데 쓰인다. 게다가 제대로 공감받기 어려운 요즘 같은 세상에서 상대방이 느낀 공감 경험은 그 자체로 엄청난 보상이 되어 나에게로 되돌아온다. 마치 남편의 내공이 그녀에게 그대로 전수된 것처럼.

03 관계를 시작할 때의 자기노출

앞서 관계가 어려운 이유로 우리가 태생적으로 안고 있는 나르시시트의 본성을 이야기했다. 그리고 보면 우리가 관계에 서툰 것이 온전히 내 탓은 아닌 셈이다. 늘 인간관계에 걸려 넘어지고 상처받는 우리에게 위로가 되는 대목이다. 물론 인간관계가 어려운 이유로 관계를 맺으려는 동기가 부족하기 때문이라고 주장하는 학자들도 있다. 이런 아티클을 읽을 때마다 괜한 죄책감이 들고는 하지만, 지금 이 책을 읽고 있는 우리에게 좋은 관계란 우리의 본능이며, 성장의 시작이고, 세상과 나를 연결해 주는 힘이다. 이제는 방법을 알아보려고 한다. 원인을 보는 시각만큼이나 해결책도 다양하다.

행동치료 전문가들은 부족한 의사소통의 기술을 연마함

으로써 사람들의 관계를 개선하도록 돕고, 인지치료사들은 인지왜곡을 일으키는 사고방식을 바꾸도록 권하기도 한다. 정신분석에서는 성장과정의 상처를 돌아봄으로써 무의식의 영역을 관계개선에 활용하기도 한다. 그리고 이런 다양한 시도들은 자기 영역에서 나름대로 관계개선에 크게 도움을 주고 있다.

이 장에서는 친밀한 관계 발전을 위한 자기노출(self-disclosure)의 기술 몇 가지를 살펴보려고 한다.

전통적인 사회적 침투이론에 따르면 사람의 성격은 마치 양파껍질과 같아서, 바깥쪽은 누구든 접근할 수 있는 공적 자아(public self)로, 중심부로 갈수록 친밀한 관계에서만 노출이 허용되는 사적자아(private self)로 구분된다. 자기노출은 초기에 자연스럽게 시작되어, 시간이 흐름에 따라 점점 중심부로 이동하면서 친밀한 관계를 형성하고 유지하는데 결정적인 역할을 한다. 특히 관계를 형성하는 초기에 호감을 나누는 가장 효과적인 방법은 서로의 이야기를 공유하는 것이다.

J는 대학시절, 연애를 글로 배운 의대생을 소개받은 적이 있다. 그는 자리에 앉자마자 한참 동안 이것저것 묻더니 이렇게 말했다.

"다 좋은데, 그렇게 크게 웃지는 않으셨으면 좋겠습니다."

"…?!"

처음 만난 이성에게 문진과 처방을 성공적으로 해낸 듯 의기양양하던 표정을 J는 아직도 잊을 수가 없다. 첫 소개팅의 로망을 망쳐놓은 그 의대생처럼 상대방에게 문진을 당하는 느낌을 주지 않으려면, 처음 만나는 자리에서는 상대의 정보를 캐묻기보다는 적당히 자신을 드러내어 상대에게 신뢰감을 주는 과정이 필요하다.

심리학에서는 이것을 '자기노출'이라고 한다.

지나친 자기노출은 삼가라

관계변화의 단계모형에 따르면 관계가 발전하고 쇠퇴하는 보완적인 과정을 거치며 친밀감이 형성되는데, 관계의 초기에는 가벼운 개인사와 같은 객관적인 사실, 그 다음으로 개인적인 의견이나 가치관, 그리고 마지막으로 부정적이거나 비밀스러운 사실을 털어놓는 것으로 자연스럽게 옮겨간다. 이 과정이 아무리 급속도로 이루어지더라도 이전 단계를 뛰어넘지는 않는 것이 보통이다.[1]

다음은 관계의 단계를 넘나드는 자기노출이 초래할 수 있는 불편한 상황에 대한 J의 사례이다.

J는 처음 만나는 사람에게 습관처럼 아픈 가족사를 털어놓는 아이를 만난 적이 있다. 10년도 더 지난 일이다. 센터에서 학생들의 검정고시 준비를 도울 때였다. 첫 수업시간에 아이들을 만나 단지 몇 마디 이야기를 나누었을 뿐인데 한 아이가 그녀에게 이런 말을 한다.

"제가 처음 발견했어요. 엄마가 그렇게 된 걸요."

8살 때, 어머니가 스스로 목숨을 끊은 것을 처음 목격한 것이었다. 인사도 제대로 나누기 전인데, 갑작스러운 아이

---

1) Knapp & Vangelisti, 1991

의 이야기에 그녀는 몹시 당황스러웠다.

'위로를 해야 할까? 내 얘기를 해야 하나? 시험이 코앞이
니 대수롭지 않은 척 수업을 해야 할까?'

짧은 시간 동안 오만 가지 생각이 그녀의 머릿속을 스쳐
갔다.

"선생님은 처음 봤는데도 오랫동안 알고 지낸 사람처럼
편해요. 아무튼 너무너무 좋아요."

그녀가 어쩔 줄 몰라 머뭇거리는 사이, 아이가 호들갑을
떠는 바람에 다행스럽게도 대화는 일단락이 되었다. 그 아
이는 왜 처음 보는 그녀에게 그런 말을 했을까?

많은 사람들이 의미심장한 이야기나 비밀스러운 사생활
을 나누는 것이 친밀함의 기준인 것처럼 오해하는 경우가
있다. 하지만 처음부터 지나치게 개인적인 사생활을 노출
하는 것은 오히려 대화의 호감도를 떨어뜨린다는 연구결과
가 있다.[2]

---

2) bochner, 1982

우리는 대화를 나눌 때 암묵적인 대화의 규범으로써 상호성의 원칙을 따른다. 상대방이 하는 이야기를 듣고 나도 비슷한 수준으로 대응해 주어야 한다는 생각이 드는 것이다. 그래서 충분히 가까워지기도 전에 무작정 꺼내놓은 나의 비밀스런 이야기는 오히려 듣는 사람에게 부담이 되기도 한다. 한 쪽에서는 큰 맘 먹고 속내를 털어놓았다고 생각하겠지만, 상대방에게 당신도 한가지쯤 비밀스러운 이야기를 나눠줄 때가 되지 않았느냐고 은근히 압력을 가하는 셈이다.

그 날 아이의 안타까운 사연을 듣고 그녀는 정말 마음이 아팠지만, 그 사건이 둘 사이를 가깝게 만들어주지는 못했다. 관계를 시작할 때, 적절한 자기노출은 신뢰감을 만들어 사람의 마음을 당기지만, 지나치면 오히려 상대를 밀어낸다.

상대방의 자기노출을 따뜻하게 감싸주라

자기 이야기를 꺼낼 때 말하는 사람은 본능적으로 자신의 말이 의도대로 받아들여지는지를 살피게 된다. 꺼내놓기 조심스러운 주제일수록 반응에 대해 더욱 민감해진다. 이번에는 이런 상대방의 마음을 제대로 알아주는 것, 상대방의 자기노출에 제대로 반응하는 방법이다.

앞서 관계변화의 단계모형에서 살펴보았듯이 우리는 서로가 암묵적으로 합의한 관계 단계에 적합한 수준의 이야기를 주고받으면서 서서히 관계를 발전시킨다. 그런데 상대방이 나의 예상을 넘어서는 수준으로 갑자기 말을 걸어온다면 어떻게 반응하는 것이 좋을까.

우리를 당황시키는 말들은 대개 비슷한 수준의 이야기로 대응하기 힘든 경우가 많다. 이때는 어설픈 나의 경험으로 맞대응하기보다는 오히려 침묵을 지키는 편이 나을 수도 있다. 충분히 상대방의 이야기를 수용하고 있다는 눈빛과 태도로, 최대한 빠르게 반응하는 것이 바람직하다.

꼭 의미심장한 대답으로 심각하게 이야기를 끌어가지 않아도 좋다. 상대방은 우리의 반응을 통해 공감을 얻었다는 느낌만으로 이야기를 털어놓기를 잘했다고 안도하고 있을지 모른다. 오히려 우물쭈물하느라 바로 반응하지 못한다면, 상대방은 용기 내어 한 말에 대한 반응을 보고 크게 실망하거나, 앞으로 관계가 진전되는 것을 망설이게 될지도 모른다.

당황스러운 물음에 확실한 대답을 찾기 위해 머뭇거리기보다는 그 말과 행동이 어떤 의미였을지 한 번 더 생각해 봄으로써 상대방의 서투른 자기노출을 따뜻하게 감싸줄 수도 있다. 처음 만나는 모두에게 비밀스런 사생활을 털어놓는 아이를 사적인 이야기를 공공연히 떠들고 다니는 수다쟁이로 치부해서는 어떤 진지한 관계도 이어나갈 수 없다.

"선생님은 저에게 특별한 사람이에요."

온몸으로 이렇게 말하고 있는 아이의 마음을 읽어 낼 수 있다면, 어떻게든 진심은 통하기 마련이다.

04 관계가 깊어질 때의 자기노출

"무속인에 대해 평소 어떤 생각을 갖고 계신가요?"

갑자기 지인에게 이런 질문을 받는다면, 어떻게 대답하는 것이 좋을까?

요즘은 무속인들이 방송에 나와서 개인기로 끼를 발산하기도 하고, 무형문화재로서 대중에게 존경을 받기도 한다. 그러나 90년대까지만 해도 무속인은 점쟁이, 무당으로 불리며 스산한 느낌을 주기에 충분했다.

"너어, 무속인 어떻게 생각해?"

J의 여고시절 단짝 친구가 뜸을 들여 물었다.

"야, 야! 무서운 얘기하지 마! 귀신 나온다구."

평소와 달리 작고 나지막한 목소리로 운을 떼는 친구에

게 닭살이 돋은 팔뚝을 문지르며 대답했던 것이 화근이었다. 그녀의 말이 끝나기가 무섭게 친구는 불같이 화를 내며 휙 돌아서 가버렸다. 그 뒤로도 그 둘 사이에는 왠지 서먹한 일들이 몇 번 더 있었고, 그대로 졸업을 했다. 나중에 알게 된 사실이지만, 그녀 친구의 부모님은 무속인이었다.

J는 그 이후로 누군가 머뭇거리며 이야기를 꺼낼 때마다 습관처럼 한 번 더 고민하고 듣는 버릇이 생겼다고 했다.

똑! 똑! 이제 말해도 될까요?

나에게 동의를 구하는 신호를 놓치지 않도록 항상 상대방의 노크에 마음을 기울여야 한다.

시간이 흐르면서 달라지는 관계

앞서 다룬 사회적 침투모형에 따르면, 서로가 함께한 시간이 상대방의 자기노출을 이해하는데 변수로 작용하기도 한다.

만난 지 보름 남짓 되는 캠퍼스커플이 벤치에 앉아 대화를 나눈다.

"자기야 나 요즘 힘들어."

여학생이 남자 친구에게 이런 말을 건넨다면, 남학생은 여자친구에게 무슨 문제라도 생긴 건 아닌지 걱정스러워 내내 안절부절일 거다.

"여보, 나 요즘 사는 게 힘들다."

수십 년째 산전수전 공중전을 함께 치러온 남편에게 아내가 하는 말이다.

"그럼 돈 많은 사람이랑 결혼하지 그랬어!"

이때 아내의 감정노출은 남편입장에서는 단순히 아내의 개인적인 감정을 넘어서, 그들 관계의 문제로 인식될 수 있다.

나의 하소연이 상황에 따라서는 상대방에게 돌려서 하는 말로 들리거나 혹은 관계의 이야기로 잘못 받아들여질 수 있다. 이미 오해로 마음이 닫혀버린 상대방에게 단지 위로받고 싶었다고 열을 올려봤자 이미 때는 늦었다. 무심결에 나의 감정을 꺼내놓기 전에 지금 내 앞에 있는 상대의 입장을 충분히 배려해 주어야 한다.

아울러 상대의 자기노출을 수용할 때에는 나의 입장으로만 상대를 속단하고 있는 것은 아닌지 꼭 한번 돌아보아야 한다. 배려가 있는 자기노출과 수용만이 관계에 선한 영향을 줄 수 있다.

친밀한 관계에서의 프라이버시

J부부는 가끔 휴대폰을 바꿔서 사용할 때가 있다. 주말 저녁 소파에 기대 있다가 문득 궁금한 것이 생각나거나 요리를 하다가 다음 레시피가 기억나지 않을 때, 가까이에 있는 휴대폰을 집어 들어 검색하는 식이다. 이 외에도 그들은 거의 모든 일상을 나누고 있다.

"나를 다 안다고 생각해?"

J는 1초의 망설임도 없이 '당연하지.'를 외쳤지만 어째 남편의 반응이 떨떠름하다. 정말로 다 알고 있는 것 같은데, 그녀가 자신을 이해 못 할 거라고 생각하는 남편의 말투가

서운하게 느껴지기까지 했다.

그런데 그 순간 이런 생각이 들었다.

'정말 우리 사이에는 비밀이 없을까? 설사 일부러 숨기는 것이 없더라도, 이 사실만으로 내가 그를 다 안다고 말할 수 있을까?"

부부관계 전문가 존 가트만은 관계의 친밀도와 개인의 프라이버시를 지키는 것 사이에는 직접적인 상관관계가 없으며, 오히려 돈독한 관계일수록 암묵적으로 지켜지는 규칙이 더 많다는 것을 발견했다[3]

혹시 우리 사이에는 절대로 비밀이 없어야 한다는 숨 막히는 원칙을 세워놓고 가까운 사람들을 옭아매고 있지는 않은가. 서로의 프라이버시를 지켜주는 것이 우리의 관계를 지키는 한 방법이 되기도 한다.

물론 의도적으로 중요한 사실을 숨기는 것은 관계에 악영향을 준다. 학자들에 따르면 부정적 정보의 책임이 스스로

3) norm of nondisclousure, Gottman,1979

에게 있는 경우에는 사건의 초기에 그 사실을 이야기하는 것이 친밀한 관계를 유지하는 데에 도움이 된다고 한다.[4]

"나중에, 때가 되면, 말하려고 했는데…."

상대방이 상처받을 것이 걱정되어 선의에서 미뤄두었던 말이었겠지만, '때'를 놓치는 바람에 상대방과 영영 멀어지게 될 수도 있다. 언제라도 꼭 하지 않으면 안 될 만큼 우리 사이에 중요한 사실이 입가에서 맴돈다면, 이야기를 털어놓기에 가장 적당한 때는 바로 지금이다.

지금 나와 함께인 바로 그 사람

서로의 이야기를 주고받는 일은 관계를 발전시켜 가는 데 아주 중요한 역할을 한다. 그럼에도 불구하고 자신의 이야기를 꺼내놓거나, 다른 사람의 이야기를 수용하는데 특별히 어려움을 겪는 사람들이 있다.

---

4) Jones & Gordon, 1972

만성적으로 외로움을 타는 사람은 상대방이 자신에게 비밀스러운 이야기를 털어놓는 것을 우연이나 실수로 생각하는 경향이 있어서, 상대방의 대화내용에 적극적으로 반응하기가 어렵다. 따라서 관계를 발전시키는 데에도 어려움을 겪는다.[5]

타인과 관계를 맺으려는 욕구는 인간의 본성임에도 불구하고, 이와 같이 여러 가지 이유로 관계를 맺고 싶은 마음을 스스로 억압하는 사람들이 있다.

애착유형에서 분류하는 부정-회피형의 사람들은 관계의 균형을 유지하는 것을 중요하게 생각하기 때문에 스스로 설정한 수준 이상으로 관계가 깊어지는 것을 불편하게 느낀다. 이들에게는 친밀감을 표현하기 위해 자신의 이야기를 건네는 상대방이 전혀 달갑지 않다. 이들은 위험을 감수하고 자신을 드러내기보다는 애초에 타인과 깊이 교류하지 않는 독립적인 삶의 방식에 익숙하다. 그러므로 이들은 삶에서 항상 공허함을 느끼면서도 깊은 관계를 맺으려는 노

---

5) young,1982

력에 소극적일 수밖에 없다.

두려움-회피형의 사람들은 스스로 사랑받을 자격이 없다고 생각하기 때문에, 친밀감을 표현하며 자신을 드러내는 상대방을 제대로 신뢰하지 못한다. 상대방과 친밀한 관계 맺기를 원하면서도 동시에 상처를 받을지도 모른다는 두려움을 가지고 있다. 상대의 자기노출이 자신이 수용하거나 맞받아칠 범위를 넘어선다고 생각하는 순간, 갑자기 안전한 관계로 도망치기 위해 상대와 의도적으로 멀어지는 선택을 하기도 한다.

누구나 드러내기와 수용하기를 적절히 활용함으로써 관계의 거리를 조절하지만, 관계를 위한 노력에 제대로 반응하지 않는 회피형 애착성향의 사람들은 주변 사람들을 쉽게 지치게 만든다. 더욱 안타까운 것은, 이들은 가족이나 연인처럼 친밀한 관계에서조차 습관적으로 거리를 둔다는 점이다. 그래서 가장 소중한 사람들에 둘러싸여 있을 때조차 외롭고 공허하다. 이들에게 관계에 대한 두려움은 과거의 오랜 경험이 축적되어 만들어진 것이기 때문에 스스로의 노력만으로 단시간에 개선되기는 어렵다. 다만 오랜 애착유형을 변화시킬 수 있는 유일한 방법이 있다. 지금 나와 함께인 바로 그 사람, 그와의 친밀한 관계를 통해서 우리는 새로운 애착을 형성하고 다른 사람들과도 건강한 관계 맺기를 시작할 수 있다.

J는 결혼식장에서 오랜만에 동기를 만났다. 분명 같은 학번이고 나이도 같은데 누구에게나 항상 존댓말을 쓰면서 모두와 묘한 거리감을 두던 일명 '신비주의자'였다. 항상 오피스룩으로 강의실 맨 앞자리에 앉아 언니, 오빠라는 말 대신 늘 선배님이라고 깍듯하게 대하던 친구였다.

"오빠아~"

그랬던 동기가 그 날은 멀찍이 서있는 남편을 이렇게 불렀다. 한 눈에도 선한 얼굴로 달려와 친구를 살뜰히 챙기는 모습을 보니 지난 세월 동안 서로를 아끼며 살아왔을 두 부부의 모습이 저절로 그려졌다.

미국의 사회심리학자 커크 패트릭은 오랜 연구를 통해, 불안정한 애착성향으로 인하여 관계 맺기에 취약한 경우에

도 배우자나 절친한 친구와의 지속적인 관계 맺기를 통하
여 관계지능이 향상된다는 결론을 얻었다. 이 사실은 반대
의 경우에도 똑같이 적용된다. 오랜 시간 함께인 사람들과
어떤 관계를 주고받았는지에 따라서 어린 시절부터 평생
동안 몸과 마음에 배어 무의식에 각인된 사고방식도 완전
히 바뀔 수 있다.

나는 지금 소중한 사람들과 어떤 관계를 맺고 있는가. 나
와 늘 함께인 그는 나로 인하여 어떤 모습으로 성장하고 있
는가.

나를 진정으로 나답게 하는 것은 지금 나와 함께 하는 바
로 그 사람이다.

05 '나와 너' 를 '우리' 로 이어주는
관계의 진정성

"전 정말 아무렇지도 않아요."

어린 나이에 스스로 생을 마감한 젊은 아티스트가 자신을 향해 쏟아지는 악플을 향해 늘 했던 말이다. 강철 멘탈이라는 수식어를 붙이며, 방송에서는 그녀를 타이틀 프로그램 고정 MC로 초빙하기까지 했다. 그러나 얼마 후 그녀는 극단적인 선택을 했다. 뒤늦게 그녀의 혼란스러운 심경이 휘갈겨진 일기장이 발견되었지만, 그때는 이미 아무도 그녀의 지친 마음을 위로해 줄 수가 없었다.

타인과 관계를 맺기 전에 반드시 해야 할 일이 있다. 스스로와의 관계를 점검하는 것이다. 중병에 걸려서 다 죽어가는 한국 사람에게 미국인이 물었다.

"How are you?"

그러자 한국 사람은 이렇게 대답한다.

"I'm fine, thank you, and you?"

주입식 영어 학습을 비꼬는 우스갯소리다. 그런데 똑같은 일이 우리의 관계 속에서도 매일같이 일어난다. 우리는 모두 '행복하다', 혹은 '행복해야 한다'는 자기암시와 강박관념에 빠져서 어느새 스스로까지 속이는 리플리 증후군을 겪고 있는지도 모른다.

다른 사람을 있는 그대로 수용하는 것이 중요한 만큼, 그 수용을 우리에게 그대로 적용시킬 수 있는 마음의 여유도 필요하다.

J는 오랫동안 근무하던 직장을 그만두고 일 년여 동안 나 찾기 프로젝트에 참여했다.

"있는 그대로 인정해주세요. 이상적인 모습이 아닌, 스스로의 모습을 그대로 수용해주세요."

'아티스트웨이'라는 모임이었는데, 매일 아침 의식의 흐름대로 아무 말이나 마구 써내려가는 '모닝페이지'라는 의식을 공유했다. 귀한 아침 시간을 쓸데없는 일에 낭비하는 것 같아 처음에는 영 내키지 않았지만, 그렇게 마음 가는 대로 자신을 표현하다 보니 일주일쯤 되었을 때부터는 내면의 이야기가 마구 쏟아져 나오기 시작했다. J는 이 일 년간의 의식을 통해 그녀가 생각보다 괜찮은 사람이라는 것을 처음으로 알게 되었다.

나는 정말 내 편이니까 무슨 말이든 털어놓으라고 여러 날을 매일 아침 토닥여주어야, 어느 날 문득 진짜 내면의 이야기들이 쏟아져 나오기 시작한다. 그렇게 '진짜 나'와 마주하고 나서야 스스로가 느끼는 것과 알고 있는 것들을 허심탄회하게 꺼내놓을 수 있다. 결국 자기노출의 첫 번째 단계는 스스로를 제대로 알고 있는가의 문제이다.

스스로 인정하기 어려운 모습이 나타날 때마다 그럴듯한 가면 뒤로 숨어버리는 것에 익숙해지면, 북적이는 사람들 사이에서도 끊임없이 외로움을 느낄 수밖에 없다. 지금 사람들과 소통하는 것은 결국 내가 아닌 내가 뒤집어쓰고 있는 가면에 불과하기 때문이다. 혹시 아직 나답게 생각하고 행동하는 것에 익숙하지 않다면 진짜 나의 감정과 생각을 스스로 인정하는 연습이 선행되어야 한다. 그렇게 스스로를 온전히 받아들인 후에야 다른 사람과도 나의 생각과 감정을 나눌 수 있는 용기가 생기는 것이다.

관계를 맺는 과정에서 이루어지는 모든 일들은 단순한 인과관계라기보다는 서로가 영향을 주는 복잡한 상호관계를 따른다. 이 복잡한 공식이 관계 속에 스며들어 우리 안에서 제대로 작동하게 하는데 꼭 필요한 것이 바로 진정성이다. 따라서 우리는 관계를 잘 맺기 위해서 수시로 스스로에게 물어야 한다.

지금 나는 나에게 진정한가.

나는 나와 관계 맺는 사람들과 진정한 나를 나눌 준비가 되었나.

법정스님의 잠언집에는 '만남의 관계'와 '스침의 관계'라는 표현이 있다. 있는 그대로의 나와 당신이 만나서 서로의 내면을 주고받는 관계는 '만남'이라 부르지만, 서로의 가면이 만나서 역할만을 수행하는 피상적인 관계는 '스침'에 불과하다.

아직 진정한 나를 나눌 준비가 되지 않았거나, 거절이 두려워 진정한 내 모습으로 상대방에게 다가서지 못한다면 매일 만나도 그 관계는 '만남'이 아닌 '스침'이다.

스침을 만남으로 이어주는 것이 바로 진심이다. 진정성은 우리가 직관적으로 느낄 수 있는 유일한 감각이다. 누군가와 함께일 때, 내가 참 '나답다'는 생각이 든다면, 그 순간만큼은 서로에게 진심임에 틀림없다. 관계에서 통하는 진심이란, 진짜 내 마음이라고 생각되는 것을 넘어서 말과 행동에 따뜻한 온기를 함께 나눌 수 있는 상태를 말한다. 관계의 철학자, 마르틴 부버는 그의 저서 『나와 너』에서 이렇게 말한다.

"서로 나누어 가짐이 없는 곳에는 현실은 성립하지 않는다. 저 혼자 가지는 일만이 있는 곳에 현실은 없다. '나'는 '너'와 더불어 현실을 나누어 가짐으로 말미암아 비로소 현존적 존재가 된다."

부버는 인간이 존재한다는 것은 다른 사람과의 관계에서만 가능하며, 우리가 겪고 있는 자기 상실은 관계의 회복을 통해서만 온전히 극복될 수 있다고 믿었다.

나와 너는 오직 온 존재를 기울어서만 만날 수 있다. 온 존재로 모아지고, 녹아지는 것은 결코 나의 힘으로 되는 것이 아니다.
그러나 나 없이는 결코 이루어질 수 없다.
'나'는 '너'로 인해 '나'가 된다.
'나'가 되면서 나는 '너'라고 말한다.
모든 참된 삶은 만남이다.

- '나와 너'에서

Chapter 2

긍정적 관계로
건강하게 소통하는 법

심각한 표정으로 서로를 바라보는 연인이 눈에 들어온다. 서로의 마음에 생채기를 내는 말들을 쏟아내며 답답하다는 듯 서로의 얼굴을 바라본다. 상대가 알아주기를 바라는 진짜 마음은 제대로 전달이 되었을까? 상대의 문제보다 자신의 마음에 먼저 접속할 수 있다면, 상처만 남기는 불통의 관계에서 사랑이 되는 소통의 관계로 갈 수 있지 않을까?

01 내가 경험하는
소통의 세계는 안전한가?

우리는 살면서 수많은 관계를 경험한다. 우리가 경험했던 다양한 관계를 딱 두 가지로 구분해 보라면, 소통이 잘되는 관계와 안 되는 관계로 구분할 수 있을 것이다.

호감으로 시작해서 친밀감으로 돈독해지고, 서로에게 지지가 되어주는 소통이 잘 되는 관계는 언제나 만남을 기대하게 만든다. 그 관계를 위해 애쓰는 노력이 헛되이 되지 않음에 때로는 행복함마저 느끼곤 한다.

이에 반해 호감으로 시작했지만 서로에 대한 차이를 극복하지 못해 서로를 비난하면서 갈등으로 이어져 불통의 쓴맛만 남게 하는 관계는 어떤가?

어쩌면 지금 이 책을 들고 있는 순간에도 애써왔던 관계의 끈이 끊어질까 두려워하고 있거나, 아무리 노력해도 소통이 아닌 불통의 답답함으로 고민하는 이가 있을지 모르겠다. 이런 불통의 관계를 소통의 관계로 바꾸려는 기술을 알기 위해 이 책을 들고 있다면 조금이라도 위안이 되었으면 한다.

아울러 불통의 고민을 소통의 기쁨으로 바꾸기 위해서는 먼저 살펴야 할 것이 있다. 사회적 존재로 살아가면서 그토록 바라는 긍정적 관계를 맺기 위해 소통의 시작점으로 무엇을 잡아야 하는가? 조금 더 건강하게 소통을 시작하기 위해서 가장 먼저 해야 할 것이 무엇인지 생각해보았으면 한다.

좋은 관계는 우리를 참 괜찮은 사람으로 여기도록 해준다. 그런 관계의 경험은 우리가 쉽게 꺼내보지 못했던 내면의 당당하고 멋진 모습들을 마주하게 한다.

그래서일까? 좋은 관계 속에 있으면 참 편안하다. 이해를 받기 위해 조바심을 내거나 신뢰로 맺어진 관계라는 것을 증명하기 위해 굳이 마음에 있는 작은 점 하나까지 설명하려 애쓰지 않아도 된다. 화려한 의사소통의 기술이 없어도 서로의 마음을 알아주고 이해해 줄 거라고 믿기 때문이다. 그래서 만남이 끝나고 집으로 발길을 돌리면서 소통의 기술이 부족했던 자신의 모습을 되감기하며 자신을 구박하는 일도 없고, 잠자리에 누워서도 '그때 그러지 않았다면?' 하고 후회하는 마음에 이불킥을 날리는 일도 없을 것이다. 공연스레 불편한 말을 꺼내서 관계가 틀어질까 전전긍긍하며 마음속으로만 열두 편의 드라마를 쓰는 못난 모습 대신 자신의 생각과 마음이 잘 전달되고 잘 받아들여질 것이라는 신뢰를 바탕으로 솔직하게 표현하는 당당한 모습으로 존재할 수 있다. 좋은 관계 속에 있을 때 우리는 상대의 말도 오해가 아닌 이해를 위해 들어주려는 더욱 수용적인 사람이 된다.

이처럼 좋은 관계의 경험은 진정한 관계의 교류가 가능

하다는 것을 느끼게 해주고, 그 관계 속에서 더욱 긍정적으로 소통할 수 있는 용기를 갖게 하며, 순기능적 대인관계를 맺을 수 있도록 힘을 발휘한다.

반면에 참 못난 사람으로 여기도록 하는 안 좋은 관계가 있다. 안 좋은 관계의 경험은 시간이 지날수록 인정하고 싶지 않은 자신의 모습을 더 많이 발견하게 하고, 그럴 때마다 자신의 마음에 우울하고 슬픈 단조의 음율을 끊임없이 흐르게 한다.

혹시 여러분에게도 이런 관계의 경험이 있는가? 우리는 한번쯤 자신을 못난 사람으로 여기게 하는 관계에서 상처를 받았던 경험이 있을 것이다. 이런 관계 속에서 우리는 항상 피곤하다. 있는 힘껏 스스로를 보호하려고 애쓰며 언제 날아올지 모를 호의의 가면을 쓴 공격을 구별하고 방어하기 위해 몸과 마음의 촉각을 곤두세우고 있어야 하기 때문이다.

P는 살아오면서 종종 만나야 했던 힘든 관계로 인해 자

기검열이라는 족쇄를 채우게 되었다. 사전적 의미로 '아무도 강제하지 않지만, 위협을 피할 목적 또는 타인의 감정이 상하지 않게 할 목적으로 자기 자신의 표현을 스스로 검열하는 행위'로 풀이되는 자기검열은 두려움에서 나온다. 안좋은 관계 속에서 상처받을까 봐 두려워서, 조금이라도 덜 상처받기 위해 스스로를 억압하려 애쓰고, 그 관계가 깨져버릴까 두려워서 자신의 생각과 감정을 확인하고 또 확인하며 결국 침묵하게 만든다.

그렇게 조금씩 작아지는 자신에게서 생각지도 못했던 못난 모습을 하나둘씩 발견해 간다. 그렇게 작아진 자아는 마음을 닫아버리고, 끝내는 눈과 귀를 막고 입마저 닫게 된다. 그렇게 불통의 세상에 스스로를 가두면서 제대로 기능하지 못하는 역기능적 대인관계에 빠지게 된다.

살면서, 참 괜찮은 사람으로 여기도록 만들어주는 그런 관계만을 만날 수 있다면 더없는 행운이겠지만, 안타깝게도 우리는 못난 사람으로 여기게 하는 관계에서 자유롭지 못하다.

이처럼 자신을 못난 사람으로 여기도록 만드는 그런 관계를 만날 때면 여러분은 어떤 선택을 해왔는가?

누군가는 못난 사람이 될수록 더욱 아무렇지 않은 듯 자신의 진짜 마음을 감춘다. 그리고 소통이 잘 되는 좋은 관계인양 거짓된 모습으로 그 관계를 유지해 나가려고 애쓴다. 마치 그 관계가 없어지면 큰일이라도 나는 것처럼.

누군가는 더이상 상처받지 않기 위해 소통하기를 멈추고 자발적 아웃 사이더가 되겠노라고 다짐하며 관계 안에서 조용히 사라지기도 한다. 그렇게 관계 속에서 조용히 스스로를 지워버리면 마음의 깊은 상처가 사라지는 것처럼.

누군가는 소통이 안 되는 것에 분노하며 더이상 자신의 마음을 소모하지 않겠다고, 상대에게 공격하며 그 관계를 끊어버리기도 한다. 그러면 모든 문제가 해결되고 자신이 승자라도 되는 것처럼.

하지만 무엇을 선택했던 여전히 마음이 아프고 힘들다면 이를 극복하기 위해 노력했으면 좋겠다. 자신이 애쓰고 있는 소통에 대해서 다시 한번 들여다보면 좋겠다. 스스로 못난 사람이라고 느껴질수록 더욱 두꺼운 가면을 쓰거나 그저 그 관계를 피하려고만 하기보다, 그럴수록 더욱 당당하고 솔직하게 표현하며 괜찮은 모습을 되찾기 위해 노력했으면 좋겠다.

나는 친구에게 화가 났지
내 분노를 말했더니, 그 분노 사라졌네
나는 내 적에게 화가 났지
참고 말하지 않았더니, 그 분노 자라기 시작했네

나는 두려움 속에 그 나무에 물을 주었네
아침, 저녁, 나의 눈물로
웃음과 부드러운 위선으로 햇살을 비춰주었지

그 나무 밤낮으로 자라나
반짝이는 사과 열매를 맺었네

나의 적이 그 빛나는 열매를 바라보고
그것이 내 것인 줄 알았네

밤이 북극성을 덮어주었을 때
그는 내 정원에 몰래 숨어들어왔지
아침이 되자 나는 기뻤네
내 적이 나무 아래 죽어 있는 것을 보고

　　　　　　　- 윌리엄 브레이크의 '독나무' 전문

영국의 시인 윌리엄 블레이크는 부정적인 마음일수록 표현하지 않고 감추려고 하면, 그 마음의 독이 더욱 커져 결국 상대를 죽이고, 끝내 자신을 죽이는 독나무로 자라게 된다고 말했다.

우리가 사회적 존재로 살아가는 한, 자신이 못난 사람으로 여겨지는 관계는 앞으로도 종종 만나게 될 것이다. 그럴 때마다 싸우려 들거나 도망가거나 그저 묵묵히 견뎌내는 것으로 모든 것을 감당해 낼 수는 없다.

　거짓된 소통은 결코 오래갈 수 없다. 자신이 못난 사람이라고 여겨지도록 만드는 힘든 관계일수록 표현하지 않고 스스로에게 거짓된 소통을 강요하며 자신과 상대에게 상처만 남기고 관계를 단절시키는 선택을 멈추어야 한다. 진짜 소통을 위한 진정한 방법을 고민해야 한다.

02 우리는 익숙한 방식으로
소통을 시작한다

우리는 자신에게 아주 익숙한 방식으로 타인을 보고 세상을 본다. 그리고 그것은 그대로 소통방식이 된다.

TV 예능프로그램에서 있었던 일이다. 게스트 출연자에게 8년 전 동거를 한 적이 있냐고 묻자, 게스트는 당황해하고 급기야 8년 전 자신의 나이도 잘못 계산하는 등 인지적 오류까지 보였다. 하지만 이내 그 사연이 군대에서 동거했던 동기가 보낸 질문이라는 것을 알고는 안정을 찾는다.

게스트는 왜 '동거'라는 말에 그토록 당황하며 멘탈붕괴 현상까지 보였던 것일까? '동거'라는 말에 우리는 남자와 여자가 한 집에 사는 장면을 자연스럽게 떠올린다. 그것은 언젠가 읽었던 소설책 한 대목에서, 드라마에서 열렬히 싸우는 부부의 대사에서, 엄마가 동네 아주머니들과 모여앉아 나누었던 수다에서, 익숙하게 들어왔던 부정적인 말로 연결된다. 따라서 '동거'란, 결혼을 하지 않고 한 집에 사는 것을 정상적인 남녀의 모습이 아니라고 생각하거나 떳떳하지 못한 것이라는 의미로 받아들여지기 때문에 게스트는 그토록 당황할 수밖에 없었던 것은 아니었을까.

우리는 무엇을 보거나 경험하게 되면 자신의 경험치 안에서 그것에 대해 아주 익숙한 방식으로 해석을 한다. 그것이 옳고 그른지, 좋은 것인지 나쁜 것인지 아주 빠른 찰나에 판단하고 반응을 하게 된다.

P는 대화할 때 상대의 눈을 바라보고 이야기하는 것을 중요하게 생각한다. 상대가 그와 눈을 맞춰주면 자신에게 호감을 가지고 있고, 존중해주는 것 같은 느낌을 받기 때문이다. 그에게 눈맞춤은 상대의 이야기를 잘 듣고 존중해주

는 소통 방법이라고 어릴 때부터 배워왔던 것이다.

그래서일까, 그는 대화할 때 자신의 눈을 보지 않는 사람을 보면 조금 불편해진다. 저 사람의 호의를 믿어도 될까? 저 사람과 함께 일을 해도 될까? 끊임없이 올라오는 불안한 생각들을 쉽게 내려놓지 못한다. 그리고 그 의심과 불안한 생각이 맞아떨어지는 몇 번의 경험들은 어느새 눈을 맞추지 않는 사람은 신뢰할 수 없다는 그만의 관계 프레임을 만들게 되었다. 그 프레임은 상대방과의 거리를 만들게 하고, 함께 일할 수 있는 기회를 박탈하기도 했다.

반면에 눈을 너무 똑바로 맞추는 사람을 보면 불편하다고 하는 B가 있다. 과거에 자신이 크게 사기를 당한 적이 있는데, 그때 그 사기꾼의 눈맞춤에 속았다며, 지금은 자신의 눈을 똑바로 맞추는 사람은 일단 의심부터 하고 본다고 한다.

과연 무엇이 정답이라고 할 수 있을까? 결국 자신의 경험이 만들어낸 소통의 방식이다.

눈을 맞추는 사람이 불편하다고 생각하는 B와 눈맞춤이

중요하다고 생각하는 P가 서로의 경험을 이해하지 못한 채 대화를 한다면 어떤 일이 생길까? 분명 오해와 갈등의 관계가 형성될 것이다. 미국 여류 소설가 아나이스 닌(Anais Nin)은 말했다.

"우리는 사물을 있는 그대로 보는 것이 아니라 우리 방식으로 본다."

우리는 관계 안에서 각자의 경험에 의존하여 상대의 눈맞춤 하나에도 자신만의 방식으로 해석하고, 자신에게 익숙한 방식으로 자동적인 반응을 하게 된다.

자신의 경험만을 믿으며 보고 싶은 것만 보려고 하면 뚫어져라 볼수록 알쏭달쏭해지는 매직아이처럼 좋은 관계가 되고자 노력할수록 어긋나는 관계가 된다. 자신의 선한 의도와는 반대로 갈등만 커지는 역기능적인 대인관계가 되는 것이다. 따라서 대인관계 속에서 자신이 끊임없이 못난 사람이라는 생각이 든다면 자신에게 익숙한 소통방식부터 점검해 봐야 한다. 자신이 소통하는 방식을 스스로 이해하고 자신의 몸과 마음에 깊게 자리 잡은, 익숙하지만 고통을 주는 불편한 소통의 방식을 알아차리고 멈추어야 한다. 그렇지 않으면 자신을 못난 사람으로 만드는 관계의 굴레에서 결코 벗어나지 못한다. 역기능적 관계 안에서 경험하는 마음의 깊은 우울은 반복될 수밖에 없다.

"땅 어디에도 내려앉지 못하고 눈뜨고 떨며 한없이 떠다니는 눈발처럼 성긴 눈 날린다."

황동규 시인의 '조그만 사랑노래'라는 시의 한 구절이다. 비록 오래되어 익숙하다고 해도 고통을 주는 소통의 방식을 멈추지 않는다면, 그것이 안전한 관계든 안전하지 못한 관계든, 그 어떤 관계 안에서도 온전히 내려앉지 못하고 이리저리 떠다니는 눈발 같은 존재가 되는 것이 아닐까?

우리가 태어나서 처음 관계를 맺고, 처음으로 온전한 소통의 경험을 하게 되는 것은 부모와의 관계다. 미국의 심리학자 브래드 셰퍼는 말한다.

"어린 시절 부모의 무조건적인 사랑을 받은 아이는 성인이 되어 성숙한 사랑을 할 수 있지만, 그렇지 못한 아이는 이를 대체할 누군가를 끊임없이 찾아 나서게 된다."

어린 시절 부모와 안정적인 관계를 형성하지 못해 스스로를 의미 있는 존재로 인식하지 못하면 정서적인 허기와 욕구를 현재 관계를 맺고 있는 타인에게 투영하여, 사랑과 인정을 갈망하고 자신의 가치를 인정받기 위해 타인의 시선으로 삶을 살게 된다. 안 괜찮지만 괜찮은 척, 싫지만 좋은 척을 반복하는 부정적인 관계 패턴에 익숙해지면서 점점 친밀한 관계형성이 어려워진다. 그것은 결국 거짓 소통에 익숙하게 만들고, 그로 인해 지치고 상처받은 마음을 달래기 위해 또 다른 관계를 찾아 나서지만, 새로운 관계마저 실패할 가능성은 높아지게 된다. 이처럼 역기능적인 관계 도식에 익숙해지면, 결국 관계를 단절하거나 관계중독으로 이어지는 결과를 초래하기도 한다.

그래서 가장 처음 경험한 관계의 모습에서 불편한 관계를 만드는 익숙한 소통의 방식을 점검해보고자 한다. 영국 정신의학자이자 아동심리학자인 존 볼비(John Bowlby)는 생애 처음 경험한 친밀한 정서적 관계를 애착이라고 명명했다. 그는 생애초기에 만들어진 양육자와의 관계가 내재화되어 자신과 주요한 타인과의 관계에 대한 이미지를 자신의 방식대로 만들면서 자신과의 관계는 물론 타인과의 관계에서 핵심적으로 작동하는 심리적 틀이 된다고 말했다. 이렇게 만들어진 심리적 틀, 즉 내적작동모델은 우리가 성인이 된 후에도 사회적 상호작용에 적용을 시키면서 나와 타인을, 세상을 이해하는데 영향을 받게 한다.

존 볼비는 성인애착 유형의 범주를 메리 에인스워스(Mary

Ainworth)와 같이 세 가지 범주로 구분하여 안정형 애착유형, 회피형 애착유형, 불안형 애착유형으로 설명한다.

안정형 애착유형의 사람들은 자신과 타인 모두에게 긍정적으로 대하며 관계에서 안정적인 유대감을 형성한다. 신뢰하는 사람에 대해서는 사랑을 의심하지 않고, 솔직하고 적극적인 자세로 상대의 생각과 감정을 받아들여 긍정적으로 소통하는 힘을 가지고 있다.

회피형 애착유형의 사람들은 물리적으로나 심리적으로 거리를 두는 관계를 좋아한다. 상처받을 기회조차 만들지 않고자 관계 안에서 스스로 고립시키거나 관계 자체를 회피하려는 태도로 소통의 부재를 만드는 경향이 많다. 이 애착유형의 사람들은 타인과의 관계를 기반으로 다양한 역할을 수행해서 업무 성과를 내야 하는 직장에서는 업무에 미치는 악영향이 더욱 크게 나타나 손해를 보기도 한다.

불안형 애착유형의 사람들은 남의 눈치를 잘 살핀다. 항상 상대의 반응에 따라 자신의 반응을 선택하기에 모든 에너지가 타인을 향해 있다. 타인과 친밀감을 유지하기 위한 노력을 기울이는 동시에 버려짐에 대한 두려움으로 항상 타인에게 휘둘리느라 에너지를 소모한다. 이들은 자신의 내적 결핍으로 생기는 관계의 불안함을 또 다른 관계에서 채우려는 관계중독으로 이어지기도 한다.

이처럼 어릴 때의 상호작용은 우리가 성인이 된 후의 관계에서도 애착도식을 만들어내며 영향을 미친다. 따라서 자신의 애착유형을 점검해 보는 것은 현재 내가 맺고 있는 관계에서 나와 타인의 소통 방식을 이해하는데 도움을 준다.

1960년 진행되었던 해리 할로의 어린 원숭이 실험은 애착의 힘을 잘 보여준다. 우유가 들어있는 금속 재질의 원숭이 모형과 우유가 없는 부드러운 천으로 감싼 모형을 원숭이에게 주고 원숭이가 어느 모형과 더 자주 접하며 친밀해지는지 실험했다. 해리 할로는 실험 전에 원숭이가 우유를 주는 금속 재질의 모형과 더욱 자주 접하게 될 것이라고 예상했다. 하지만 원숭이는 배가 고플 때만 금속 재질의 모형에 접근했고 많은 시간을 부드러운 천 모형에 더 자주 몰렸다. 지속적인 실험으로 금속의 모형만 제공했던 원숭이들은 난폭하고 자기조절이 되지 않았고 새끼도 출산하지 못했으며, 움직이는 천 모형의 인형을 제공했던 원숭이들은 정상적인 발달성장을 보였다는 실험결과가 나왔다.

이 실험에서 알 수 있는 것처럼 애정이 결여된 행동은 '널 받아들일 수 없어'라는 메시지를 전하는 것으로, 이 세상은 위험한 곳이며 위험을 무릅쓰면 안 되고, 남들을 믿어도 안 된다는 잘못된 믿음을 무의식적으로 형성시킨다. 이런 어린 시절의 경험이 성장하면서 스스로를 고립시키거나 남의 눈치를 보게 하는 불안정한 관계패턴을 만든다.

그러나 우리는 성장하는 동안 대부분 완벽한 애착을 경험하지 못한다. 자신도 모르게 형성된 애착의 경험으로 만들어진, 어릴적 소통 방식에 익숙해지면 소통을 하려고 애를 쓸수록 문제가 생긴다. 따라서 우리가 안전하게 소통을 경험할 수 있는 긍정적인 관계를 만들고자 한다면, 먼저 익숙한 방식으로 소통하기를 멈춰야 한다. 그리고 서로에게 돌봄의 지지와 공감의 대상이 되어주는 안전한 방식으로 건강하게 소통하기 위한 노력을 기울여야 한다.

4차 산업혁명이라는 새로운 시대에서조차 여전히 '소통'의 중요성을 강조한다. 인공지능을 능가하는 집단지성이 제대로 힘을 발휘하려면 예외 없이 소통이 중요하다. 소통은 너와 내가 우리라는 이름이 되도록 하고, 부모와 자녀가 더욱 끈끈하게 연결되도록 하며, 선생님과 학생이 더욱 가까워지도록 하고, 조직의 리더와 팔로워가 함께 힘을 모으도록 한다. 모두가 다 서로가 서로에게 애착관계로 연결되는 것이다. 관계 속에서 서로에게 안전한 심리적 기지가 되어준다면 우리의 관계는 더욱 행복해질 것이라고 나는 믿는다.

지금 이 순간, 진정으로 누군가와 소통하고 싶다면 그에게 멋드러진 소통의 기술을 발휘하기 전에 먼저 그와의 건강한 애착관계를 제공하는 나의 마음 한편을 내어주었으면 한다.

나의 애착 스타일이 궁금하다면 자신에게 다음과 같은

질문을 해보자.

- 나는 가끔 타인에게 도움을 청하는가, 아니면 항상 혼자서 해내려고 하는가?
- 관계에 대해 확신이 가지 않을 때 나는 어떻게 하는가? 뒤로 물러서는가? 내 기분을 상대에게 이야기 하는가? 상대방이 나를 받아들이게 하기 위해 할 수 있는 모든 일을 하는가?
- 내 얘기를 귀 기울여 들어주고 나에게 신경을 써주는 사람들이 있는가? 아니면 내가 다른 모든 사람들을 신경 쓰며 보살펴야 하는가?

이러한 질문을 통해 관계에서 자신이 어떤 행동 패턴을 보이는지 생각해 보면 어떤 식으로 관계를 맺고 있는지도 생각해 볼 수 있을 것이다.

03 불편한 관계에서
안전하게 소통하는 법

P는 친구와 함께 긴 여행을 다녀오기로 했다. 꼭 한번은 가보고 싶었던 열정의 나라 스페인을 가기로 결정하고부터 P는 친구와 함께 출발하는 날까지 걱정을 했다. 이유는 바로, 그 유명한 소매치기 때문이었다. 안전한 복대에, 자신의 몸과 하나로 연결해주는 단단한 핸드폰 고리에 튼튼한 크로스백까지 준비했지만, 도착하는 그 날까지 걱정을 멈추지 못했다. 기대반 걱정반으로 출국일을 기다리던 P는 드디어 스페인에 도착했고, 첫 여행지 마드리드에서 이틀을 보내는 동안 그토록 걱정하던 일들이 일어나지 않아 불안한 마음을 살짝 내려놓기 시작했다.

3일째 되는 날, P는 남부지방에 도착했다. 시골동네의 편안함과 여유가 넘치는 사람들의 표정은 불안했던 그들의 마음에 여유를 주었고 꽁꽁 동여매었던 마음속 방어기제까지 풀어버리게 했다.

'그래, 바르셀로나만 아니면 걱정 안 해도 되겠어.'

급기야 P는 남부지방은 시골이라 사람들이 선량하고 친절하다며, 이곳에 소매치기는 없겠다는 확실한 믿음까지 갖게 되었다. 그러나 그 믿음이 큰 오산이었다는 것을 불과 몇 시간이 지나지도 않아 알게 되었다. 그날 저녁 소매치기는 기다리고 있었다는 듯이 그의 지갑을 가져갔고 어깨에 메고 있던 그의 가방은 어느새 텅 비어 있었다. 카드와 현금 모두를 소매치기에게 헌납한 그는 돌아오는 날까지 가난한 여행을 해야 했지만, 여권과 핸드폰을 사수한 것이 어디냐며 자신을 위안했다. 그렇게 한국으로 돌아왔고, 그는 거기에서 악몽은 끝났다고 생각했다.

그러나 강남역을 걸어가던 그는 자신도 모르는 사이 어깨의 가방을 꽉 움켜쥐고 있다는 것을 알아차렸다. 그 순간 그는 자신의 심장이 얼마나 빨리 쿵쾅거리며 뛰는지 알게 되었다. 대한민국에서 40년을 넘게 살면서 한 번도 소매치기를 당한 적이 없었고, 그런 걱정을 해본 적도 없었던 그는 누군가 뒤에서 호시탐탐 그의 가방을 탐내고 있는 것처럼 가방을 꽉 움켜쥐고 있었다. 불안한 상황에서 안전하게 가방을 지키고자 무의식적으로 방어기제를 쓰고 있었던 것이다.

"자아가 위협받거나 상처받은 상황에서 무의식적으로 자신을 속이거나 상황을 다르게 해석함으로써 자신의 마음을 보호하는 심리적 행위."

방어기제의 사전적 의미다. 어쩌면 우리는 위험한 순간뿐만 아니라 안전한 순간에서도 자신을 보호하기 위해 방어하며 살아가고 있을지도 모른다. 마치 P가 한국에 돌아와서도 소매치기로부터 가방을 사수하려고 했던 것처럼 안전한 관계에서조차 자신을 보호하기 위해 상대를 미리 경계하고 방어하며 있는 힘껏 자신을 보호하려고 애쓰고 있을

지도 모른다.

우리는 살아오면서 상처받을 것이 두려워 안전하게 자신을 지키기 위해 스스로를 보호하는 자기만의 방법을 만들어왔다. 어려서는 배가 고플 때 울거나 화를 내는 것으로 생존을 이어왔고, 성인이 되면서는 죄책감을 덜어내기 위해 합리화를 시키며 마음의 평정심을 찾으려 했고, 생각하기 힘든 일은 까맣게 잊어버리는 것으로 정신적 안정감을 찾았다. 이처럼 우리는 적절하게 자신의 취약함과 격렬한 감정으로부터 스스로를 보호해왔다.

자신을 보호하기 위해 어린 시절부터 형성된 자기보호의 방법들은 성인이 된 후에도 위협받거나 상처받을 상황에서 스스로 무너지지 않고 많이 아프지 않기 위한 최선의 도구가 되었으며, 고통을 피하기 위한 임시처방의 방어기제로 자리잡게 되었다. 그래서 자기보호를 위한 방어기제를 생존기제라고도 한다.

작가 메릴린 케이건은 『내가 말하는 진심, 내가 모르는 본심』에서 방어기제에 '마음의 보호자'라는 별칭을 붙이기도 했다. 이 말은 방어기제가 나쁜 것만은 아니라는 것을 알려준다. 안전한 관계에서조차 방어기제가 지나치면 본심이 가려지고 진실이 왜곡되는 역기능의 결과를 초래하기도 하지만, 때로는 상처받는 상황에서는 자신의 마음을 다치지 않게 하고 마음의 상처를 적극적으로 예방하는 순기능적 역할을 하기도 한다.

P에게는 자주 연락하는 친구가 있다. 작은 일이 생겨도 '띵동띵동' 톡이 온다. 그렇게 서로의 일상을 공유하고 즐거움과 속상함을 함께 나누는 친구다. 그런데 얼마 전부터 연락이 뜸해지기 시작했다. 각자 서로가 바쁘기 때문이라는 것을 안다. 그런데 SNS에서 보이는 그녀는 늘 누군가와 함께 시간을 보내고 있었다. 전화통화로 혹은 톡으로 공유하던 서로의 일상이 언젠가부터 SNS라는 벽 너머로만 공유하게 되었다. 그런 시간들이 길어지면서 반복적으로 떠오르는 생각들이 있었다.

'뭐 서운한 게 있나?'

'뭘 잘못했나?'

'말을 하면 될 것을 왜 말을 안 해?'

P의 서운한 마음은 친구에게 투사하는 생각들이 많아지면서 점점 커져갔다. 그럴수록 P는 더욱 입을 닫고 속으로 말을 삼키게 되었다. 불편한 마음이 힘들면서도, 그는 소통하기를 선택하는 대신에 그저 아무렇지 않은 척, 괜찮은 척, 불편한 마음에서 도망을 치려고만 했다. 그러면서 진짜 마음과는 반대로 행동하는 반동형성의 방어기제를 쓰고 있었다. 예능 프로그램을 보며 한참을 웃다가도 서운함이 느껴졌고, 남편과 즐겁게 식사를 하다가도 불쑥 올라오는 속상한 마음에 불편함이 느껴졌지만, P의 친구는 P가 괜찮지 않음을 결국 몰랐다. P는 끝내 서운하다고, 불편하다고 말하지 못한 채 속상한 마음만 끌어안고 있었던 것이다.

그렇게 P는 미성숙한 방어기제로 오해와 갈등을 키우며 불편한 관계를 더욱 역기능적 관계로 몰아갔다. 방어기제가 역기능적으로 힘을 발휘하게 되는 것은 위험하거나 힘든 현실에 대해 사실을 확인하거나 수용하지 않고 거부하거나 왜곡하는 것에 있다.

　방어기제는 불안을 감소하기 위해서 무의식적으로 작동하는 기능으로 다양한 종류가 있다.
　특히 우리가 사용하는 미성숙한 방어기제로는 가장 많이 쓰는 억압과 부정, 격리, 전치, 자기에게로의 전향 등이 있다.
　억압은 견디기 힘든 감정이나 생각을 무의식 속으로 눌러버리는 것이다. 떠올리는 것만으로도 고통스럽고 힘든 경험이 있다면 의식에 떠오르지 않도록 지워버리는 것이다.
　부정은 현실에서 일어난 사건을 거부하는 것으로 연인과 이별한 후 그 사실을 거부하고 옛 연인에게 집착하며 자신의 좋은 점을 알게 되면 문제가 없을 것이라고 생각하는 것이다. 억압과 비슷하게 여겨질 수도 있겠지만, 억압은 사건 자체를 기억에서 지워버리는 것이라면 부정은 사실을 거부하는 것으로 차이점이 있다.

격리는 생각으로부터 감정을 떼어 내어 감정을 격리시킴으로써 의식 속에는 생각만 남게 되는 것을 말한다.

전치는 부정적인 감정을 덜 위협적인 다른 사람에게 돌리는 것으로 조금 더 만만한 사람에게 분노를 표출하는 것이다.

자기에게로의 전향은 분노를 자기에게로 향하게 하면서 자기공격으로 이어지는 것을 말한다.

자신을 보호하기 위해 선택하는 미성숙한 방어기제는 대부분 자신을 보호하는데 실패할 확률이 높다. 반면 건강한 방식으로 문제를 해결하면서 최선의 방법으로 관계를 보호하는 성숙한 방식의 방어기제를 사용하는 사람들도 있다.

락 음악의 전설이자 세계적인 기타리스트라는 명성을 가진 에릭 클랩튼의 명곡 중 'Tears in heaven'이라는 노래가 있다. 에릭 클랩튼의 가슴 아픈 사연을 담담하게 담아낸 노래로 유명하다.

에릭 클랩튼은 자신이 사랑했던 패티 보이드 해리슨이라는 여성을 자신의 친구 조지 해리슨에게 빼앗긴다. 이후 그토록 그리워했던 패티 보이드 해리슨이 다시 돌아오면서 행복해지나 싶었지만, 결국 퇴색된 사랑으로 이별을 하게 된다. 이후 이탈리아 여배우 로리 델산토와 결혼하여 아들을 낳고 행복한 삶을 사는가 싶었지만, 엄마와 보모가 있는 집에서 4살 난 아들이 48층 아파트에서 떨어져 숨지는 사고를 당하게 된다. 아들의 죽음 앞에서 오열하며 삶의 고통을 다시 한번 마주한 그는 모든 슬픔을 담담히 멜로디에 담아 1992년 'Tears in Heaven'으로 발표를 했다. 그의 사연이 알려지면서 억제된 보컬이 가슴을 적시는 작품으로 유명해졌다.

이 곡은 당시, 세계적으로 인기를 거두면서 소위 무공해 음악(언플러그드)의 유행을 일으키기도 했다. 학창시절 유난히 좋아했던 가수의 노래에 담긴 사연을 듣게 된 P는 자신이 '그 상황이면 어땠을까?'라고 생각했다. 누군가를 끊임없이 탓하며, 자신의 아픔을 타인에게 혹은 세상에 대한 공

격으로 표출하지는 않았을까? 혹은 자신의 깊은 슬픔을 그
저 억누르고 억압하며 끊임없이 자기공격으로 자책하며 스
스로를 괴롭히지는 않았을까?

에릭 클랩튼처럼 인생을 뒤흔들 만한 사건이 아니라도,
우리는 살면서 예상치 못한 일들을 만나고 기대와 다른 사
람들도 만난다. 그럴 때 우리는 상처받지 않기 위해 애를
쓰며 방어하려 한다. 때로는 그 방어기제가 미성숙해서 더
욱 갈등을 만들고 상황을 악화시키기도 한다.

에릭 클랩튼은 자신의 아픔을 억누르거나 자신의 분노
를 그저 표출하는 것으로 해소하려고 하기보다, 자신의 아
픔과 슬픔을 창조적인 음악활동으로 타인과 세상이 용인하
는 방법으로 표현하는 '승화'라는 성숙한 방어기제를 사용
했다. 덕분에 우리는 그의 아픔에 함께 아파하고 슬퍼해 줄
수 있었다.

이처럼 우리는 성숙한 방식으로 자신을 보호할 수 있다.
진정으로, 자신을 보호하고 긍정적 관계를 위해 건강하게

소통하기를 원한다면 미성숙한 방어기제를 멈추고 성숙한 방어기제를 쓸 수 있어야 한다.

건강하고 성숙한 방어기제를 사용하는 사람들에게는 공통적인 특징이 있다.

- 자신의 불안한 감정을 인식하고 있는 그대로 **수용**할 줄 안다.
- 자신을 두렵게 하는 상황적 요인과 심리적 요인을 **표현**할 줄 안다.
- 자신의 불안을 사회적으로 용인되는 방법의 방어기제를 사용하기로 **선택**할 수 있다.

이러한 특징을 가진 사람들은 위협받거나 상처받는 상황에서도 건강한 방식으로 소통한다.

최근에 만난 A는 근래 들어 아내와의 갈등이 심해졌다. 퇴근 후 모임이 많아지면서 술자리가 잦았고, 그에 불만을 품은 아내는 술을 끊으라며 요구해왔다. 그런 아내에게 A

는 어쩔 수 없는 상황이었다며 그도 좋아서 마시는 게 아니라고 합리화를 시키기 시작했다. 급기야 자신이 술을 마시는 이유는 아내가 자신을 힘들게 만들기 때문에 더 마실 수밖에 없다며, 자신이 술을 마시는 것을 아내 탓으로 돌리며 투사를 하기 시작했다. 그러면서 A는 아내와의 갈등이 더 심해졌다.

그러나 A는 아내와의 갈등을 해결하고 싶었기에 모임의 장소를 술집이 아닌 다른 곳으로 정하려고 노력했고, 술을 마시고 싶은 욕구를 좋아하는 운동을 하면서 해소시키려는 승화의 방어기제로 활용했다. 아내와의 갈등을 성숙한 방식으로 해결하려 노력한 것이다.

이처럼 성숙한 방어기제는 승화 외에도 유머와 이타심으로 자신과 상대방을 안전하게 보호하는 힘으로 발휘될 수 있다.

지금 당신이 생각하는 누군가와 진심으로 소통하기를 원한다면, 잠시 책 읽기를 멈추고 자신에게 집중해 보자. 자신의 불편한 관계를 만드는 자동적인 방어기제가 무엇인지, 상처받지 않기 위해 꽁꽁 싸매고 있는 미성숙한 방어기제의 정체가 무엇인지를 점검해 보자.

스스로를 보호하겠다는 마음 하나로 자신의 성장과 소통을 방해하는 미성숙한 방어기제를 멈추고, 자신을 보호하고 관계를 돌볼 수 있는 건강하고 성숙한 방식으로 고통이 아닌 소통의 관계를 만들어갔으면 한다.

04 건강하게 소통을 시작하려면, 멈춤을 기억하라

　미카엘 엔데의 『끝없는 이야기』에 있는 '순례자의 문'의 이야기다. 진정한 순례자가 되기 위해서 꼭 통과해야 하는 문이 있다. 하지만 이 문은 쉽게 통과할 수가 없다. 순례자라면 누구나 꼭 통과해야 한다는 욕심으로 시도하지만, 그럴수록 순례자는 튕겨 나올 뿐이다. 그때 한 순례자가 애써 통과하려는 시도를 멈추고, 호기심을 갖고 문을 살펴보기 시작한다. 이 문이 어떻게 생겼는지, 색깔은 무엇인지, 호기심으로 들여다보며 손으로 문을 만지는 순간 문이 스르르 열리며 순례자는 엉겁결에 그 문을 통과한다.

　무엇을 이루기 위해 집착할수록 우리는 그것으로부터 더

욱 멀어진다. 그 집착을 내려놓고 거리를 두는 순간 우리는 예상치 못한 결과를 얻는 경우가 종종 있다.

소통을 잘 하는 긍정적인 관계를 만들기 위해서도 마찬가지로 우리는 무엇인가를 해야만 한다는 집착을 내려놓아야 한다. 조금만 더 참을 수 있다면, 조금 더 좋은 사람이 된다면, 더 많이 배려한다면, 더 큰 힘을 가지기만 한다면, 더 열심히 산다면, 그러면 우리는 타인들과 잘 지낼 수 있다고 믿는다. 더 좋은 사람이 되기만 하면 다른 사람들이 더 좋아해주고, 인정해주고, 아무런 갈등 없이 잘 소통할 수 있다고 믿는다.

수행자가 더 빨리 깨달음에 이르기 위해 12년 동안 다른 수행자보다 매일 한 시간씩 더 일찍 일어나 명상을 했다. 그렇게 열심히 수행의 시간을 가지고 명망 있는 스승을 찾아가 물었다.

"이제 제가 뭘 더 하면 될까요?"

그러자 스승은 이렇게 말했다.

"그냥 편히 쉬어라"

우리가 긍정적인 관계를 만들고 소통이 잘 되는 관계를 만들고자 한다면, 자신과 타인에게 끊임없이 임무라는 것을 실어주며 애쓰는 것에서 잠시 멈추고, 그저 자신과 타인의 마음에 호기심을 가지고 바라보는 멈춤의 미학을 느껴보았으면 한다.

달콤하기만 할 것 같던 신혼 초의 일이다. 지독히도 애연가였던 P의 남편은 결혼 전부터 금연을 수도 없이 약속했지만 지키지 못했다. P와 남편은 둘 다 만혼이었기에 바로 아이를 가지기를 원했고, 그러려면 P는 남편의 금연은 필수라고 생각했다. 그래서 담배를 피우기 위해 밖으로 나가는 남편을 보면 서운한 마음이 들기 시작했다. 싸워서 반드시 이기겠다는 마음과 싸운다고 해결될 일이 아니라는 두 마음에서 P는 갈등했지만, 급기야 화가 분노로 커지면서 언성이 높아지기 시작했다. 싸움이 점점 고조에 이를 때쯤 P는 남편에게 타임을 외치며 잠시 각자 생각할 시간을 갖자고 말했다. 그렇게 P는 카페로 향했다. 햇살이 잘 들어오는 창가에 자리를 잡고 앉은 P는 달콤한 케익 한조각과 커피 한잔을 앞에 두고 약간 빠른 템포의 재즈음악을 들으며 화가 들끓는 마음을 가라앉혔다. 그러자 P는 자신이 진정으로 원하는 것은 아이를 갖는 것이지 남편의 금연이 아니라는 생각에 이르렀다. 반드시 금연을 한다고 되는 것도 아니고 금연에 성공하지 못한다고 백 퍼센트 실패할 일도 아닌 것이었다.

생각이 정리된 후 집으로 돌아온 P는 남편과 오랜만에 속 깊은 대화를 했다. 결국 P는 자신과 남편이 함께 원하는 합의점을 찾았고, 다시 한번 노력해볼 것을 약속하고 화해를 했다.

P는 지금도 생각한다. 만일 그때 타임을 외치지 않았다면? 잠시 멈춤의 시간을 가지지 못했다면?

만약 그랬다면, 그들은 각자의 생각과 판단의 필터를 통해 서로를 더욱 나쁜 사람으로 보았을 수도 있다. 그리고 회복되기 어려운 상처의 말을 끊임없이 뱉어내었을 수도 있다. 확인되지 않은 자신의 생각들이 거침없이 확산되고 그에 따라오는 연쇄적인 반응들이 돌이킬 수 없는 상황으로 치닫게 했을 수도 있다.

하지만 그녀는 다행히 멈추는 법을 선택했다. 그녀는 말했다. 관계 속에서 갈등을 경험할 때면 고속도로의 교통 표지판을 보듯 STOP을 떠올리면, 제멋대로 확산되는 생각과 연쇄적으로 따라오는 자동적인 반응들을 멈추게 되고 자신이 원하는 반응을 선택할 수 있는 힘이 생겼다고.

어쩌면 우리가 원하는 소통의 기쁨은 바로 멈춤의 미학에서 시작되는 것이 아닐까?

타조는 적이 나타나면 모래에 머리를 파묻는다. 꿩과는 다르게 순간의 위기를 모면하기 위해 머리를 파묻는 것이 아니다. 타조는 미세한 진동까지 느낄 수 있는 감각을 가지고 있어 머리를 모래에 파묻으면 적의 발소리를 통해 상대와 상황을 파악할 수 있다. 그 순간 싸울 것인지, 도망갈 것인지, 위장할 것인지를 선택할 수 있다. 이것을 '타조효과'라 한다. 상처받지 않는 건강한 소통의 관계를 위해서는, 타조처럼 모래에 머리를 박고서라도 자신에게 집중할 필요가 있다.

자신이 괜찮은 사람으로 여겨지는 관계속으로 들어가고 싶다면 습관적인 소통방식으로 영원회귀의 고통을 경험하거나, 자신을 보호하기 위해 상대가 보이지 않을 만큼 크고 두꺼운 방패를 들이미는 것에서 잠시 멈추고, 자신을 있는 그대로 보고, 느끼고, 생각하며 집중하는 시간을 가져보았으면 한다. 그때 비로소 타인과 세상을 향한 성숙하고 건강한 소통을 시작할 수 있기 때문이다.

05 진정한 소통은
건강한 나로부터 시작된다

연이어 터지는 연예인들의 자살 소식은 세상과 소통하고 싶었지만 결국 소통하지 못해서 일어난 비극의 단면을 보여준다. 더욱 안타깝게 여겨지는 이유는, 자신을 보호하면서 관계를 돌보는 소통이 아니라 누군가로부터 혹은 세상으로부터 강요되는 소통의 방식이었다는 것이 가슴 아프다.

SNS에서는 소통이라는 이름으로 판단과 충고가 비일비재로 일어나며 급기야 악플과 루머로 비난을 일삼는 일들이 벌어진다.

자신과의 연결이 불안정한 사람일수록 이 거짓소통의 함정에 빠져 스스로를 판단하고 자기비난을 일삼으며 자신을 힘들게 한다.

텍사스대학교의 심리학자 크리스틴 네프는 말한다.

"자신에 대한 판단을 그만두고 있는 그대로의 자신을 친절하게 받아들이는 것이 심리적으로 건강해지는 것이다."

따라서 불편하고 힘든 상황에서 자신을 비난하는 대신 친절한 마음으로 자신을 보살필 것을 제안한다. 자신에 대한 친절함과 보살핌의 경험은 결국 타인과의 관계 안에서도 발휘될 수 있으며, 자기로부터의 시작이 타인과의 관계로 연결됨을 언급한다. 자신에게 늘 부정적인 사람은 타인과 사회에 대해서도 부정적인 평가의 관점으로 바라보며 관계에서 갈등과 불통을 유발하게 된다.

불교의 기도문에는 자신이 좋아하는 사람과 싫어하는 사람들이 행복하기를 바라고 번뇌와 고통이 없어지기를 기도한다고 되어있다고 한다. 그러나 그 이전에 자신이 행복하기를, 자신의 번뇌와 고통이 없어지기를 먼저 기도한다는 것이다. 자기 마음의 의도를 잘 돌볼 수 있을 때 우리는 타인의 의도를 잘 돌볼 수 있게 되고, 자기 마음의 말을 잘 들을 수 있을 때 타인의 마음속 말도 잘 들을 수 있다.

우리가 관계의 기쁨을 맛보고 관계 속에서 삶의 행복감을 함께 경험할 수 있기 위해서는, 먼저 자신을 온전하게 보호할 수 있으면서, 관계를 안전하게 돌볼 수 있는 성숙하고 건강한 소통을 할 수 있어야 할 것이다.

건강한 소통의 시작점은 자신과의 연결에서부터 출발한다는 것을 잊지 않기를 바란다. 지금 당장 자신과의 건강한 소통을 시작해보는 것은 어떨까.

Chapter 3

신뢰를 얻는 소통의 비밀

신뢰가 형성되면 효율적인 의사소통을 이끌어서 협력적으로 문제를 해결하고 관계를 발전시키는 역할을 하지만, 신뢰가 무너지면 모든 것이 한 순간에 무너질 수 있다. 잠깐 반짝이는 관계가 아니라 함께 오래 가는 관계를 유지하고 싶다면, 먼저 상대에 대한 절대적인 신뢰를 먼저 챙겨야 한다.

　이 챕터에서는 신뢰를 얻는 소통의 비밀 4가지를 제안한다. 오래 가고 싶다면 HERE로 신뢰를 얻자.

01 오래 가고 싶다면
HERE로 신뢰를 얻어라

A씨가 살고 있는 아파트 단체 대화방에는 신기한 사람이 있다. ID는 헬로우다. 파파세이프라는 아빠 방범단을 만들어서 밤10시만 되면 아파트 순찰을 돌고, 아파트 대화방에 입주민이 질문만 하면 실시간으로 답변을 달아준다.

"놀이터에서 아이들이 놀이기구 높은 곳으로 올라가 너무 위험하게 놀아요."

누군가 이렇게 대화방에 제보하면 곧장 놀이터로 가서 아이들을 제지한다. 번듯한 대기업의 팀장인 사람이 시간을 내서 매일 봉사하는 것이 쉽지 않은 일인데 솔선수범하는 모습이 신기할 정도다.

아파트를 아끼는 그의 마음이 느껴졌는지 입주민들의 제

안으로 동대표가 되었다. 그는 동대표로서 아파트 영화제 개최와 철문 설치 등의 사업을 추진했다. 뉴스에서 동대표 키워드만 검색해도 갑질이나 피해사례를 흔히 볼 수 있는데 헬로우는 꾸준한 소통과 관심으로 주민들에게 신뢰를 얻기 시작했다. 지금은 그의 제안에 누구도 이의를 걸지 않는다.

광고업계에서 소셜인플루언서 마케팅이 화두로 떠올랐다. 소셜미디어(SNS) 전성시대에 새롭게 등장한 '인플루언서'는 소비지형에 큰 변화를 몰고 왔다. 적게는 수만 명에서 많게는 백만 명이 넘는 팔로워를 거느린 SNS셀럽이 '#공구'와 '#마켓'이란 이름으로 여러 제품을 판매하면서 새로운 소비시장을 만들었다.

B씨도 인스타그램에서 김현정 대표가 운영하는 꺌랑이라는 브랜드를 구매한 적이 있는데 품절 대란을 일으켰던 말랭이슈즈를 구매하기 위해 오픈 시간에 맞춰 알람까지 설정하며 구매를 했고 지금도 인플루언서들의 피드백을 보

면서 구매 욕구가 생길 때가 많다고 한다.

무엇이 일면식도 없는 사람에게 품절 대란까지 일으킬 정도로 열광을 하게 만들었을까? SNS를 통해 자신의 사생활을 꾸준히 공개해왔고, 댓글을 기반으로 소통하면서 다수의 네티즌에게 신뢰를 쌓아왔기 때문에 가능한 일이다.

대학 내일 20대연구소가 지난해 15~34세 남녀 800명을 대상으로 설문조사를 진행한 결과 '연예인보다 인플루언서를 신뢰한다'는 의견이 전체 73.4%를 차지했다. '연예인을 신뢰한다'는 응답률보다 세 배나 높았다. 친근함을 앞세운 인플루언서가 연예인보다 소비자들에게 더 큰 영향력을 발휘하는 시대가 되었으면 보여주는 조사결과다.

"신뢰란 누군가 무언가를 할 것이라고 믿는 것이다."

『신뢰이동』의 레이첼 보츠먼은 신뢰에 대해 이렇게 정의했다. 신뢰는 믿음으로써 앞으로 전진하게 하는 것, 돈을 빌린 사람이 갚을 것이라고 믿는 것, 업무를 맡기면 마감

시간 전에 완성할 것이라고 믿는 것, 물건을 주문하면 적당한 시간에 하자 없는 완전한 상태로 받아 볼 것이라고 믿는 것으로 나타난다.

신뢰는 모든 관계의 기초이자 커뮤니케이션에 필요한 필수요건이다. 온라인 미디어 및 소셜미디어 환경에 접어들면서 신뢰는 기업의 비즈니스 및 마케팅에서 그 어느 시대보다 중요한 키워드로 떠오르고 있다.

A조직은 일상의 팀 문화가 서로의 말에 귀를 기울여준다. 일을 미루기보다 책임감 있게 일을 완수하고 긍정적으로 지원하는 분위기다. 오죽하면 직장인들이 가장 싫어한다는 '회의하자'라는 말도 기다려지는 분위기다. 잘못된 부분이 있어도 응원해주는 분위기여서 목적과 목표에 맞게 적극적으로 자신의 의견을 어필할 수 있다. 모두가 적극적으로 나서니 아이디어를 모아 각자의 업무에 적용해서 윈윈(win-win)할 수 있으니 좋았다. 팀원끼리 신뢰를 바탕으로 서로 들어주고 양보하면서 서로에게 긍정적인 동기부여

를 제공하고 있었다.

　반면에 B조직은 업무에 있어서 협력보다 개인적인 영역
이 컸다. 협의할 상황에서도 본인 업무의 가중으로 느껴 비
난이나 질책이 오가는 분위기다. 회의를 하면 주관자만 열
심히 열 올리며 대화 참여를 유도해도 팀원들은 묵묵부답
이었다. 회의 시간 내내 책임회피, 핑계, 질책, 지시가 오가
느라 방어적인 관계로 이뤄졌다. 내 의견을 무시하는 따가
운 눈초리가 두려워서 눈치만 보며 서류를 뒤적이거나 먼
산을 볼 뿐이었다. 조직 구성원 간의 신뢰가 부족해서 일상
으로 펼쳐지는 분위기였다.

　두 조직 중에 A조직의 생산성이 높게 나타나는 것은 당
연한 일이다. 신뢰가 있기에 부연설명도 필요 없이 거래비
용도 감소한다. 이처럼 신뢰는 관계에서 신속한 의사소통
과 협력을 가능하게 해서 생산성과 성과를 높여준다.

신뢰는 상호간의 관계를 발전시키며 단단하게 한다. 헬로우는 신뢰를 바탕으로 빠른 피드백과 주기적인 소통으로 철문 설치, 이벤트 진행 등 입주민들의 절대적인 응원을 받으며 관계를 더욱 단단히 다져가고 있다. 꺌랑의 김현정 대표는 팔로워와의 신뢰를 바탕으로 지속적인 소통을 통해 단단한 관계를 더욱 다지고 있다. 그 신뢰를 바탕으로 한 관계로 말랭이슈즈에서 의류, 가방, 모자와 같은 액세서리뿐 아니라 루피움이라는 화장품까지 런칭하여 새로운 사업을 시도해서 연매출 300억 원을 올리는 브랜드로 성장했다.

반면에 신뢰가 무너지면 성장했던 브랜드도 한순간에 무너진다. 의류만 판매했던 임블리는 블리진, 블리블리, 브이콜렉트, 블리홈까지 새로운 사업을 시도하여 연매출 1700억 원을 올리는 브랜드로 성장해서 1300여명과 팬미팅을 할 정도로 성공한 인플루언서 중의 한 명이었다. 하지만 2019년 4월에 판매했던 호박즙에서 곰팡이가 발견되면서 신뢰가 무너졌고, 안일한 응대방식으로 불신이 더욱 커지면서 위기를 불러왔는데, 지금도 그 위기가 현재진행형으로 이뤄지고 있다.

신뢰가 형성되면 효율적인 의사소통을 이끌어서 협력적으로 문제를 해결하고 관계를 발전시키는 역할을 하지만, 신뢰가 무너지면 모든 것을 한 순간에 무너뜨린다. 따라서 잠깐 반짝이는 관계가 아니라 함께 오래 가는 관계를 유지하고 싶다면, 그 어떤 의사소통의 기술을 배우기보다 먼저 상대에 대한 절대적인 신뢰를 먼저 챙겨야 한다.

신뢰란 '선의 의도로 자신에게 호의적이거나 악의적이지 않을 것이란 기대와 믿음', 그리고 '약속을 지키기 위해 노력하며 협상에서도 정직하게 행동할 것이라고 믿는 것'이다.[6]

---

6) 신동엽. (1999). 신뢰의 경영. 연세경영연구, 36(1).

소통의 시작은 신뢰를 쌓아 올라가는 것이다. 관계의 신뢰성을 쌓는데 투자하지 않고 피상적인 기술만 익히려 한다면 그 기술이 아무리 복잡하고 화려해도 일상의 소통에서는 효과가 없을 수밖에 없다. 모든 관계에는 갈등이 생기기 마련인데, 그 갈등을 해결해 나가는 출발점이 신뢰의 회복이다.

지금부터 소통의 출발점인 신뢰를 얻기 위한 네 가지 Humility(겸손), Equal(일치), Regard(칭찬), External expression(외적표현), 즉 HERE에 집중할 것을 제안해 본다.

02 Humility : 겸손한 언어와 행동

"너 이 새끼 진짜 왜 일을 이렇게 하니?"

조용한 사무실에서 부장이 팀장에게 호통치는 소리가 울려퍼졌다. 순간 사무실에는 정적이 흘렀고 그럴 때마다 직원들은 잔뜩 긴장했다. 잊을 만하면 부서원 모두가 있는 자리인데도 불구하고 부장의 칼날 같은 비난의 말이 터져나왔다. 직원들은 자신에게 퍼부은 말도 아닌데 온전히 일에 집중할 수 없었다.

부장은 본인은 모르지만 정말 외로운 사람이다. 상명하복 체제에서는 이런 리더십이 통할 수 있지만 시대가 변한 지금은 안티만 만들 뿐이어서 주변에 그를 지지하는 사람은 아무도 없었다.

조지타운대 크리스틴 포래스 교수는 미국 노동자 수천 명을 대상으로 조사한 결과 응답자의 98%가 무례한 행동을 직접 경험했으며, 99%는 무례한 행동을 목격한 것으로 나타났다. 직장에서 일어나는 무례한 말과 행동은 성과를 떨어뜨리고 개인에게도 큰 피해를 준다. 크리스틴 교수의 실험에 따르면 이런 말과 행동을 관찰하는 것만으로도 개인의 정보 수용 능력을 떨어뜨리는 것으로 나타났다.

우리가 무례한 말이나 행동보다 겸손한 말과 행동을 해야 하는 이유가 여기에 있다.

"연예인 중 멘토로 삼고 싶은 사람은?"

패널나우에서 26,196명을 대상으로 이런 주제로 설문조사를 했는데 1위로 유재석이 46%를 차지했다.

"익을수록 고개를 숙이는 벼와 같다."

"내가 아는 연예인 중 가장 겸손한 사람이다."

"선행이나 매너 등 배울 점이 많다."

유재석을 멘토로 삼고 싶은 이들의 답변에는 공통적으로

겸손하다는 것이 담겨 있었다. 〈유퀴즈〉란 프로그램만 봐도 그의 겸손함을 느낄 수 있다. 길을 걷다가 우연히 만난 사람들과 다양한 이야기를 나누는 프로그램인데, 상대가 누구든 벽을 허무는 유재석의 특별한 힘으로 시민들은 마음을 털어놓게 된다.

유재석이 국민MC로 오랫동안 사랑받고 있는 이유는 선배뿐만 아니라 후배들을 챙기는 겸손한 말과 행동에 있다고 알려져 있다. 그를 아는 이들은 한결같이 그의 겸손한 말과 행동에 찬사를 보내고 있다.

우리는 보통 자신과 동등하거나 상위에 있는 사람들에게는 겸손하다. 자신보다 조금은 더 나은 사람에게 존중하는 마음을 갖는 것은 본능이다. 하지만 이것은 누구나 할 수 일이다. 여기에서 한 발 더 나가기 위해서는 누구에게나 겸손할 수 있는 마음의 자세가 중요하다.

우리가 겸손한 언어와 행동의 품격을 지니는 방법은 의

외로 간단하다. 언제나 겸손의 마음을 담아 그것을 말로써 이렇게 표현해 보는 것이다.

"모든 것이 다 당신 덕분입니다."

이 표현만 제대로 사용해도 우리는 언제나 겸손한 언어의 품격과 행동을 유지할 수 있다. 모든 상황을 겸손하게 대하며 성과의 작은 공도 상대에게 돌릴 줄 아는 사람이 진정 상대를 존중하면서 소통을 잘 함으로써 관계의 기쁨을 누릴 줄 아는 사람이다.

소통을 잘 하고 싶은가? 신뢰를 얻어라.
신뢰를 얻고 싶은가? 겸손한 언어와 행동의 품격을 지키기 위해 노력하라. 이렇게!

"모든 것이 다 당신 덕분입니다."

03 Equal : 언행일치

우리는 상대에게 존경과 신뢰를 받기 위해 수준 높은 가치를 지향하며 살지만, 실제로 말과 행동이 지향하는 대로 따라주지 못하는 경우가 많다. 이때 발생하는 것이 언행의 불일치인데, 이것은 관계에서 소통을 잘 하게 하는 신뢰에 문제를 일으킨다.

평생교육 전문기업 휴넷이 조사한 최악의 리더십 유형은 37.6%가 말과 행동이 다른 '언행불일치 리더십'이었다.[7] 리더의 언행불일치는 신뢰도를 떨어뜨린다.

---

7) 〈아시아경제(2017년 5월 23일)〉, '직장인이 꼽은 최고 CEO는 '소통형 리더'…최악은?'

"공감이 소통의 기본이다."

주간회의 때마다 이렇게 강조했던 상사는 독불장군형이
었다. 말로는 서로를 인정하고 이해하려는 노력이 필요하
다고 강조했지만, 언행불일치로 공감력이 떨어질 수밖에
없었다. 결과적으로 상사에 대한 신뢰도는 현저히 낮았고
오히려 직원들이 대화할 때 눈치를 보게 만들었다. 관계에
서 소통의 어려움을 겪는 것은 당연한 일이었다.

따라서 관계에서 소통을 잘 하려면 우리는 일상에서 언
행일치의 습관을 들여 신뢰를 얻는데 신경을 써야 한다. 그
러려면 다음과 같이 몇 가지 습관을 들일 필요가 있다.

첫째, 함부로 약속하지 않는 습관을 들여야 한다. 약속
을 자꾸 어기면 어느 새 약속을 지키지 않는 사람이라고 낙
인찍히게 된다. 한번 낙인이 찍히면 지우기가 어렵다. 따라
서 약속을 잘 지키는 사람이 되려면 함부로 약속하거나 호
언장담하는 버릇을 버리고 지킬 수 있는 약속부터 하는 습

관이 필요하다. 10번을 약속하고 5개를 실천하는 사람보다 3개를 약속하고 3개를 실천하는 사람이 더 신뢰를 얻는다. 약속할 때는 가급적 지킬 수 있는 약속을 하는 습관을 들이여야 한다.

둘째, 자신이 왜 약속을 못 지켰는지 솔직히 털어놓는 습관을 들여야 한다. 언행이 일치하지 않은 것을 고백하는 것은 자신이 한 말의 무게를 느끼는 사람만이 할 수 있는 진정으로 용기있는 행동이다. 언행불일치에 대한 진심어린 고백은 실망했던 상대에게 신뢰를 회복할 수 있는 좋은 방법이다.

"제가 잊지 않고 보답은 꼭 할게요!"

도움을 받은 이에게 이런 말을 하고 한두 달이 지나니 마음 한구석엔 '은혜를 꼭 갚아야 하는데'라는 생각이 자리 잡고 있었다. 그 사이 상대에게 나에 대한 신뢰가 낮아졌을 수도 있고, 나란 존재를 잊을 수도 있을 것 같아서 전화를 걸었다. 먼저 나의 언행불일치에 대해 고백을 했다. 상대방

은 괜찮다고 했지만 다시 한 번 신뢰를 얻을 수 있는 토대
를 만들었다. 상대에게 내가 언행일치를 위해 노력하는 사
람이라는 것을 보여줌으로써 더욱 든든한 신뢰를 다져갈
수 있었다.

행동은 말을 증명하는 수단이다. 말과 행동이 일치해야
비로소 신뢰를 얻을 수 있다. 따라서 우리는 수시로 언행일
치를 위해 노력해야 한다. 언행일치를 위해 가급적 약속은
함부로 하지 말고, 어쩌다 약속을 지킬 수 없는 상황이 되
었을 때는 얼른 잘못을 고백하면서, 내가 언행일치를 위해
노력하는 사람이라는 것을 보여줌으로써 관계를 좋게 이어
가는 신뢰를 형성해 나가야 한다.

04 Regard : 관심과 칭찬

"자기야 나 뭐 바뀐 것 없어?"

남자들이 질색하는 여자들의 질문 중의 하나다. 이런 질
문을 받으면 남자들은 동공에 지진이 일어난다. 물론 눈썰
미가 있거나 평소에 여자 친구를 관심 있게 본 남자라면 여
유가 있다. 질문 중에 난이도가 가장 높다는 아이라인의 컬
러가 바뀐 것까지 체크할 수 있기 때문이다. 하지만 보통의
남자라면 이런 질문에 속수무책으로 당할 수밖에 없다.

동료가 장발을 커트머리로 하고 출근한 적이 있다. 동료
를 보자마자 그녀의 파격변신에 팀원 모두가 팔짝팔짝 뛰
었다. 몇 달 전에 팀에 새로 부임한 팀장님께 누군가가 그

동료를 가리키며 물었다.

"뭔가 바뀐 것 같지 않아요?"

팀장님은 전혀 눈치를 채지 못했다.

"무엇이 바뀐 거지?"

팀원이 보인 극과 극의 차이도 알아보지 못하는 모습을 보면서 팀장에게 실망하는 사람이 생겼다.

'평소에 정말 관심이 없으시구나.'

이러면 팀장이 팀원의 머리카락 자른 것까지 신경 써야 하냐는 반론이 생길 수 있다. 하지만 이것은 머리카락의 문제가 아니다. 관계를 맺고 있는 동료들에 대한 관심을 가져야 한다는 것이다.

"눈 화장이 뭔가 바뀐 것 같은데?"

이전의 상사는 블랙 아이라인을 브라운컬러로 바꾸었더니 금방 알아보고 이렇게 물었던 적이 있었다. 그때는 그것이 당연하다 싶었는데, 팀원의 변화에 전혀 관심을 갖지 않는 새로운 팀장을 만나고 보니, 옛 상사를 다시 보게 되었다. 그 상사와는 회사를 떠난 지 7년이 지난 지금도 꾸준히 관계를 이어오고 있다.

관계를 이어주고 소통을 잘 하게 하는 것 중에 하나가 상대에 대한 관심이다. 상대가 나에게 관심을 보일 때 나는 상대에게 신뢰를 보낼 수밖에 없다. 그렇게 형성된 신뢰는 상대의 마음을 열어 관계를 좋게 이어갈 수 있도록 해준다.

"적절한 칭찬은 사람을 두 달 동안 황홀하게 만든다."

- 마크 트웨인

상대에 대한 관심을 긍정적으로 표현하는 것이 칭찬이다. 누군가의 진심 어린 칭찬을 받으면 나는 그에게 관심을 갖고 있다는 긍정적인 심리를 갖게 마련이다. 이러한 심리를 이용해서 대화 중에 상대를 자주 칭찬하면 신뢰에 좋은 효과를 얻을 수 있다.

A씨가 은행 상담을 받을 일이 있어서 바쁜 와중에 점심시간을 이용해서 은행에 방문했을 때의 일이다. 점심시간

이라 그런지 창구에 있는 직원보다 대기하는 고객이 더 많았다. A씨도 30분이라는 시간을 대기한 후에야 겨우 창구 직원을 마주할 수 있었다. 직원의 자리 앞에는 다음가 같은 안내판이 놓여 있었다.

"저는 신규직원입니다. 부족하더라도 성심껏 상담해드리겠습니다. 조금 미숙하더라도 양해 부탁드립니다."

상담 중에 직원은 문의 하나를 할 때마다 양해를 구하고, 뒤에 있는 선배에게 가서 문의한 후에 답변을 해주곤 했다. 처음에는 그러려니 했는데 두세 차례 같은 일이 벌어지니 은근히 불편해지기 시작했다.

'왜 아직 준비가 안 된 직원에게 일을 하게 해서 내 귀한 시간을 빼앗고 있지.'

심기가 불편한 상태에서 어렵게 상담을 끝내고 자리를 나서려는데 신규직원이 이런 말을 건넸다.

"고객님 오늘 어디 좋은 곳 가시나 봐요. 아나운서 같으세요."

그 말이 끝나기 무섭게 거짓말처럼 불편했던 마음이 누

그러지며 나도 모르게 웃음이 나왔다. 그 한 마디로 '참 괜찮은 직원이다.'라고까지 느껴졌다.

신규직원은 칭찬의 방법을 잘 알고 있었다. 상대에 대한 관심을 갖고, 상대에게 어울리는 구체적인 칭찬을 할 줄 알았다.

"아나운서 같으세요."

"오늘 분홍색 립스틱이 참 잘 어울리시네요."

"체크 재킷이 잘 어울리시는데 정말 옷 고르는 감각 있으시네요."

칭찬은 이처럼 구체적으로 해야 진심으로 느껴질 수가 있다. 설사 진심이 아니더라도 구체적인 칭찬일 때 상대가 나에게 관심을 갖고 있다는 생각으로 칭찬에도 진심이 담겼다고 신뢰하는 마음이 생기는 것이다.

관심과 칭찬은 사람과의 거리를 가깝게 한다. 인류학자인 웨드워드 홀 자료에 의하면 가족과 연인과의 대화의 거리는 16cm~46cm, 친구나 직장 동료 간의 대화의 거리는

46cm~1.2m, 잘 모르는 낯선 사람들 간의 대화의 거리는 1.2m~3.6m라고 한다.

　대화의 거리는 대화의 내용에도 영향을 미치는데 거리가 가까울수록 대화의 내용도 조금 더 개인적이고 은밀한 내용으로 이뤄진다. 비밀스럽고 은밀한 이야기를 멀리 떨어져서 고함치듯이 말하는 사람은 없다. 마찬가지로 낯선 사람에게 길을 물어보면서 귓속말을 하는 사람도 없다. 효과적인 소통을 위해서는 상대방이 가장 편안하다고 느낄 수 있는 적절한 거리에서의 대화를 해야 한다. 이때 필요한 것이 신뢰다. 관심과 칭찬으로 쌓은 신뢰가 바탕이 된다면 적절한 거리에서 쉽게 소통할 수 있다. 따라서 평소에 신뢰를 쌓기 위해 상대에 대해 적절한 관심을 갖고, 상대가 진심으로 느낄 수 있도록 구체적으로 칭찬을 하는 노력을 기울여야 한다.

05 External expression : 외적표현

"말하지 않아도 알아요."

유명한 초코파이 광고처럼 말하지 않고도 알아서 잘 소통하는 관계가 형성된다면 얼마나 좋을까?

앨버트 머라비언(Albert Mehrabian)은 소통을 위한 대화에서 중요한 것은 7%에 불과한 말이 아니라, 그 말을 이루는 비언어적 요소가 의미 전달에 93%를 차지한다고 했다. 레이 버드휘스텔(Ray Birdwhistell)은 소통에서 65% 이상이 비언어적 요소로 표현되고, 35%만이 언어적 요소로 표현된다고 했다. 둘 다 소통에서 비언어적 요소의 중요성을 강조하고 있다.

이것은 언어적 요소만으로는 자신이 전달하고자 하는 의미를 완전하게 표현할 수 없다는 것을 일깨워준다. 실제로 우리는 소통할 때 표정, 몸짓, 자세, 거리 등 비언어적 요소를 많이 사용하고 있다.

하버드대학교 심리학과 로버트 로젠탈 교수는 18개국 약 7천 명을 대상으로 비언어적 감정 파악능력을 측정했다. 질투로 격노한 모습, 용서를 구하는 모습, 감사를 표현하는 모습, 유혹하는 모습 등이 포함된 일련의 비디오테이프를 보여주고 화면의 주인공이 어떤 감정 상태인지 찾아내는 검사였다. 감정 인식 능력이 뛰어난 사람의 대인관계 능력을 평가하는 조사였다. 연구결과, 실험에서 감정 인식 능력이 뛰어난 사람이 대인 관계에서도 훨씬 인기가 높고 이성 관계도 원만하다는 조사 결과가 나왔다. 이들은 정서적으로도 훨씬 안정되어 있으며 학업 및 업무 능력도 뛰어난 것으로도 보고되었다.

비언어적 요소를 통해 다른 사람의 감정을 정확하게 인식하는 능력은 소통능력과 비례한다. 아울러 인간관계와 학문적, 직업적 성공과도 비례한다. 따라서 우리는 소통을 위한 신뢰를 형성하기 위해 언어적 요소보다 더 비언어적인 요소에 신경을 써야 한다.

신뢰를 만드는 비언어적 요소에는 다음과 같은 4가지가 있다.[8]

신체 언어 : 표정, 미소, 눈맞춤, 자세, 제스처 등
공간 언어 : 상대방과의 거리, 분위기, 공간 배치 등
유사 언어 : 목소리의 음질과 음색, 어조, 어투 등
외양 언어 : 신체적 매력이나 의상, 헤어스타일 등

여기에서는 신체 언어에 대한 중요성에 대해 자세히 알

---

7) Sundaram, D. & Webster, C.(200). The Role of Nonverval Communication in Service Encounters. The Journal of Marketing Service Marketing, 14(5), 378-391.

아보기로 한다. 비언어적인 요소 중에 신체 언어가 끼치는 영향이 매우 크기 때문이다.

첫째, 표정은 신체 언어에서 가장 중요한 부분이다. 표정의 메시지는 말의 메시지보다 훨씬 강력하다. 따라서 표정이 보내는 메시지를 읽는데 많은 신경을 써야 한다. 어떤 감정이나 생각이 마음을 스칠 때는 순간적으로 표정이 달라진다. 표정은 감정을 가장 디테일하고 정확하게 드러낸다. 표정은 의도적인 조절이 가능하기에 의사를 표현할 때뿐만 아니라 상대의 의사를 읽을 때도 신경을 써야 한다. 원활한 소통을 위해 상대의 말을 들을 때는 말의 내용과 표정이 일치하는지 파악하면서 들을 줄 알아야 한다.

표정은 속마음의 거울이다. 자연스럽지 않은 표정은 모순적인 감정을 드러내기도 한다. 따라서 표정을 자세히 관찰해보면 상대가 말보다 표정으로 전하는 메시지를 바로 파악해서 소통을 잘 해서 좋은 관계를 유지해 나갈 수 있다.

둘째, 눈빛도 신체 언어의 중요한 부분이다. 따라서 대화를 할 때는 눈빛에 초점을 맞춰 아이컨택에 신경을 써야 한다.

"눈빛만 봐도 알 수 있잖아."

이런 말은 눈이 신체 언어에서 얼마나 중요한가를 일깨워주고 있다. 사람이 느끼는 정보 중 70%는 눈으로부터 들어온다. 그만큼 눈은 즉각적으로 감정을 드러낸다.

권위, 또는 품위를 유지하려는 사람들이 주로 선글라스를 착용하는 이유가 여기에 있다. 자신의 감정이 잘 드러나는 눈빛을 감춰서 냉정한 카리스마를 발휘하려고 하는 것이다.

런던대학교 연구팀이 1초, 3초, 8초로 나누어서 시간에 따른 아이컨택 효과에 대한 조사를 진행했다. 아이컨택에 적절한 시간을 도출하기 위한 실험이었다. 결과는 놀라웠다.

'나를 훔쳐본다.'

'나에게 무슨 꿍꿍이가 있나?'

1초처럼 짧은 시간의 아이컨택은 이런 생각을 들게 해서 기분을 나쁘게 할 수 있다고 했다.

'부담스럽다.'

'소름 끼친다.'

8초처럼 다소 긴 시간의 아이컨택도 이런 생각을 들게 해서 아이컨택의 부정적인 효과를 보여준다고 했다.

실험결과는 아이컨택에 가장 적절한 시간으로 '3.3초'를 권장하고 있었다. 3.3초 정도의 아주 짧지도 길지도 않은 시간 동안 아이컨택을 했을 때 가장 좋은 느낌을 받을 수가 있는 것이다. 일상에서 '3.3초'라는 시간을 정확하게 체크하며 아이컨택을 하긴 어렵지만, 너무 짧거나 너무 길지 않은 시간이라는 것을 염두에 두고 대화할 때는 진심을 담은 아이컨택을 할 수 있어야 한다.

셋째, 외적공감대를 만드는 페이싱(pacing)테크닉에 신경을 써야 한다. 내적인 공감대를 형성하는 가장 빠른 방법은 외적공감대를 형성하는 것이다.

카페에 마주 앉아 대화를 나누고 있는 사람들, 식당에서 마주 앉아 음식을 먹는 사람들을 관찰해 보면 공감대가 얼마나 형성되어 있는지 잘 알 수 있다. 공감대가 잘 형성되어 있으면 자세나 제스처, 표정 등이 비슷하다. 한 사람이 팔짱을 끼면 상대도 팔짱을 끼고, 등받이에 기대어 앉으면 상대도 편하게 등받이에 기대어 앉는다. 선택한 메뉴의 종류도 같은 경우가 많다. 의도적으로 맞추지 않아도 공감대가 있어서 자연스럽게 비슷한 행동이 나오는 것이다.

이것을 페이싱(pacing)테크닉이라고 한다. 서로 페이스를 맞추고 조절하는 것을 페이싱이라 하는데, 심리학에서는 이것을 '거울효과'라고도 한다. 우리가 드라마나 영화를 보며 주인공과 같이 울고 웃는 것도 이와 같은 현상이라고 볼 수 있다.

소통을 잘 하려면 상대방과 공감대를 형성해야 한다. 공감대가 서로의 신뢰를 돈독하게 해준다. 따라서 우리는 소통을 잘 하려면 손과 몸의 움직임, 표정 등 행동을 따라 할 줄 알아야 한다. 그러면 거울을 보는 것처럼 신체 언어로 만들어진 외적공감대가 더욱 따뜻한 관계를 맺어줄 것이다.

Chapter 4

소통을 위한 꽂히는 말하기

말은 생각을 담는 그릇이다. 말을 잘하기 위해서는 무엇보다도 자신의 생각을 명확히 아는 것이 중요하다. 그리고 전달하려는 말에 대한 확신만큼이나 거기에 어울리는 적합한 표현이 필요하다.

　이 챕터에서는 말하는 사람의 입장에서 어떻게 표현해야 상대방에게 효과적으로 메시지를 전달할 수 있는지 알아본다.

01 당신의 말하기는 안녕하십니까?

"아까 왜 그 말을 했을까?"

"차라리 그 말을 하지 않는 게 나을 뻔했어"

"그 말 대신 이렇게 말했어야 했던 거 아닐까?"

"내 의도는 그게 아닌데…"

누군가를 만나고 와서 이렇게 후회한 적이 한 번쯤은 있을 것이다. 이런 생각이 마음 속에 소용돌이치면 머릿속의 생각은 다음 단계를 향해 달려간다.

'아. 차라리 아무 말도 하지 말걸!'

이런 경험을 몇 번 반복하다 보면 누군가를 만나 이야기하는 게 두려워진다. 무엇보다도 한 번 입 밖으로 나간 말을 다시 되돌릴 수 없다는 걸 깨닫는 순간 상대방이 나를 어떻게 생각할까 하는 걱정이 생기는 사실 또한 부정할 수 없다.

문자로 나누는 대화에서도 보낸 후 '아차!'하며 주워 담고 싶은 글을 어렵지 않게 마주하게 된다. 그런 근심을 알아차린 한 SNS서비스는 보낸 글을 곧바로 삭제할 수 있는 기능을 추가하기도 했다.

이런 것을 보면 다른 사람과 소통할 때 명확하게 자신의 의사를 전달하는 것은 쉽지 않다는 걸 알 수 있다.

사람들은 문자를 발명하기 전부터 말로 의사소통을 했다. 글자를 발명하면서, 이후 과학기술의 발달로 다양한 형식의 소통 도구가 생겨났지만, 여전히 소통의 중심에는 말이 자리잡고 있다. 그래서 어느 시대나 말을 잘하는 것은 중요한 경쟁력을 갖추는 일이었다.

회사에서 의견을 명확히 전달하지 못해 일을 못하는 사람으로 평가받는 경우도 어렵지 않게 볼 수 있다. 업무 지시를 내리기는 했는데, 하라는 이야기인지, 하지 말라는 이야기인지, 아니면 알고만 있으라는 이야기인지 명확하게 전달하지 못하는 상사의 말은 일의 효율을 떨어뜨릴 뿐만 아니라 상사로서의 능력마저 의심하게 만든다.

회사뿐만이 아니다. 어느 모임에서건 자신을 소개하거나 인사말을 하는 짧은 순간에도 말을 잘 해서 인상 깊게 자신을 각인시키는 사람이 있는가 하면, 평범한 말재주로 그냥 무리 중에 한 명으로 스쳐지나게 하거나, 말을 너무 못해서 무능력한 사람이라는 인상을 심어주는 사람도 있다.

의사소통의 중요한 수단인 말은 결정적인 순간에 우리 곁에서 큰 영향력을 발휘한다. 제대로 한 말은 자신을 돋보이게 하고 상대방에게 긍정적인 이미지를 남긴다. 반대로 말 한마디의 실수로 부정적인 이미지에서 오래도록 벗어날 수 없는 경우도 있다. 따라서 우리는 수시로 나의 말하는 습관을 챙겨야 한다. 지금 나는 말을 잘 하는 사람에 속하는가? 그저 평범한 사람에 속하는가? 말을 못하는 측에 속하는가?

여기서 말을 잘 하고 못 하고의 기준은 소통의 여부다. 사회생활을 하면서 어떻게든 관계를 맺고 살아가는 이상 나와 상대방과 관계의 입장에서 살펴야 한다.

말하는 사람이 어떻게 메시지를 전달하는가는 말 잘하는 조건에서 아주 중요한 일이다. 말하는 사람이 어떤 방식으로 전달하느냐는 대화의 방향을 바꿀 수 있는 중요한 열쇠이기 때문이다.

소통 도구로써 말은 내 의도가 어떻게 전달됐는지, 그리고 상대방이 제대로 이해했는지를 확인하는 주고받음의 과정이다. 나의 말이 어떻게 상대방에게 이해될 수 있는지 살펴봐야 하며 그 과정에 오해가 생기지 않게 전달하는 것이 중요하다.

지금 내가 상대와 좋은 관계를 맺고 사는데 문제가 없다면 말을 잘 하는 사람에 속한다고 생각해도 좋다. 하지만 아무리 노력해도 상대와 좋은 관계를 맺는데 문제가 생긴다면 무엇보다 내가 어떻게 말하며 상대와 소통하고 있는지를 살펴야 한다. 그래서 지금 여러분에게 묻는다.

"당신의 말하기는 안녕하십니까?"

02 무엇을, 어떻게 말할 것인가?

"사무실 안의 공기가 답답하네."

팀장이 이런 말을 했을 때 보일 수 있는 팀원의 반응은 다양하다.

"정말 그러네요."

어떤 팀원은 이렇게 답변만 할 수도 있다.

"창문 좀 열까요?"

어떤 팀원은 이렇게 말하며 얼른 창문을 열어 환기를 할 수도 있다.

여러분이라면 이럴 때 누구와 더 좋은 관계를 유지하겠는가?

말에는 행간이라는 게 있다. 소통에 문제를 겪는 사람은 그냥 말만 듣지만, 소통을 잘 하는 사람은 말의 행간을 듣는다. 따라서 우리가 상대의 말을 들을 때는 말만 듣는 게 아니라 그 말 속에 담겨 있는 행간을 들어야 한다.

그런데 팀장의 말하기를 살펴보면 이런 식의 의사표현은 문제를 안고 있다. 다행히 행간을 읽는 눈치 좋은 팀원을 만나면 리더십을 발휘할 수 있지만, 행간을 읽지 못하는 눈치 없는 팀원을 만나면 리더십에 치명적인 하자를 불러올 수 있다.

"상대가 내 맘을 몰라줘서."
"내 의견은 그게 아닌데."

우리는 소통이 필요한 자리에서 이런 식으로 아쉬움을 드러낼 때가 있다. 앞에서 말한 팀장이 행간을 읽지 못하는 눈치 없는 팀원을 만났을 때 할 수 있는 표현이다. 팀장 입장에서는 섭섭할지 모르지만, 제삼자의 입장에서는 팀장의 의사표현 방식에 문제가 있다는 것을 알 수 있다. 무엇이 문제일까? 이런 문제를 어떻게 풀어갈 것인가?

　　온 가족이 모인 날, 아버지가 애블린이라는 도시에 가서
식사를 하자고 제안한다. 모든 가족은 동의하고 함께 차를
타고 애블린에 있는 식당으로 향했다. 그런데 폭염인 날씨
에 차의 에어컨은 고장이 났고 도로마저 심하게 막혔다. 거
기다 힘들게 도착한 식당의 음식마저 아주 형편이 없었다.
더욱 놀라운 사실은 누구도 애블린에 가고 싶지 않았지만
다른 가족이 좋아하는 것 같아 따라갔다는 사실이었다. 아
버지마저 가족을 위해 애블린 행을 제안했던 것이다. 결국
누구도 원하지 않은 애블린에 다녀오느라 모두가 고생만
한 것이다.

　'애블린 패러독스'로 알려진 이 이야기는 미국 조지워싱
턴대학교 제리 하비 교수의 경험담이다. 보통 집단이나 조
직 내에서 자신의 의사와 상관없는 결정에 동의하는 것을
꼬집을 때 쓰는 용어다. 하지만 조금 다른 각도에서 보면
소통을 해야만 하는 자리에서 꼭 필요한 자신의 의견이나

생각을 명확히 전달하지 않는 데서 겪는 문제점을 살펴보게 하는 이야기이기도 하다.

앞에서 말한 팀장의 말하기 방식의 문제점을 살펴 볼 때 '애블린 패러독스'를 떠올릴 필요가 있다. 팀장은 과연 얼마만큼 의사표현을 분명하고 또렷하게 전달했는가?

'이 정도로 말하면 알아주겠지?'

이런 마음으로 두루뭉술하게 이야기하고는 그 마음을 몰라준다고 서운해하고 있는 것은 아닌가?

무슨 말을 하고자 할 때는 무엇을, 어떻게 말할 것인가를 꼭 살펴봐야 한다. 같은 선물이라도 어떤 포장지로 싸느냐에 따라 가치가 달라지듯이 같은 말이라도 어떻게 표현하느냐에 따라 그 느낌은 다를 수밖에 없다. 같은 말이라도 쉽게 이해할 수 있는 말이 있고, 알아듣기 어려운 말이 있다. 따라서 우리는 무슨 말을 할 때 듣는 사람의 입장에서 상대가 쉽게 알아들을 수 있도록 의도하는 바를 명확하게 표현하는 기술을 배워야 한다. 소통을 잘 하기 위한 꽂히는 말하기의 기술을 배워야 한다.

03 명확하게 말하는 세 가지 기법

소통을 위한 꽂히는 말하기를 하려면 먼저 명확하게 말해야 한다. 즉 상대의 귀에 분명하게 들리는 말을 해야 한다. 말은 상대와 소통하기 위해서 꼭 필요한 도구다. 같은 도구라도 생각없이 쓰는 사람과 그것을 잘 쓰는 요령을 익혀서 쓰는 사람에 따라 효과는 다를 수밖에 없다. 여기에서는 소통을 위한 꽂히는 말하기 중에 명확하게 말하는 요령에 대해 배워보기로 하자.

프렙(PREP) 기법으로 말하라

말을 많이 하는 것과 말을 잘하는 것은 다르다. 막힘없이 술술 이야기한다고 말을 잘 하는 것이 아니다. 오히려 말을 많이 하는 사람보다 짧지만 임팩트 있게 자신의 의사를 밝히는 사람이 말을 잘 한다는 소리를 들을 때가 많다. 간결하면서도 명료하게 말하는 것이 상대의 귀에 쏙 꽂히는 말하기 방식이다.

이것을 우리는 프렙(PREP) 기법으로 쉽게 익힐 수 있다. 20세기 최고의 연설가로 알려진 처칠 수상의 말하기 기법으로 알려진 프렙은 4단계를 거쳐 의견을 명확하게 표현하도록 도와준다.

프렙(PREP)은 4단계의 말하기의 첫 알파벳에서 따온 이름이다. 즉 말할 때는 먼저 핵심(Point)을 짚어주고, 그 이유(Reason)를 설명한 후에, 그에 대한 적절한 예시(Example)를 제시하고, 마지막으로 다시 한번 핵심(Point)을 짚어주며 마무리하는 기법을 함축한 말이다.

'내가 무슨 말을 하려고 했지?'

우리는 가끔 장황하게 말을 늘어놓다가 이런 식으로 스스로 말의 핵심을 놓치는 경우가 있다. 이럴 때를 대비해서 먼저 핵심(Point)을 짚어주면 좋다.

서두에서 이렇듯 말의 목적(Point)을 명확히 밝힌 후 그 목적을 이루려는 이유(Reason)를 점검하면서 자연스레 그에 대한 근거와 사례(Example)를 말해서 이해를 돕고, 마지막에 다시 한번 핵심 메시지(Point)를 언급하면서 본인의 의견을 확실하게 각인시키면 된다. 마지막에는 "결론적으로 말해서, 요컨대, 한마디로 정리하자면"과 같은 말로 요약을 해주면 듣는 사람에게 핵심 메시지를 더욱 또렷이 각인시킬 수 있다.

프렙 기법을 실제로 어떻게 적용할 수 있는지 다음의 예를 참고해보자.

Point : 말할 때는 내용뿐 아니라 목소리 톤과 억양도 중요합니다.

Reason : 왜냐하면 목소리의 톤과 억양에 따라 같은 말도 다르게 들리기 때문입니다.

Example : 예를 들어 '잘 한다'라는 말의 경우, 칭찬할 때와 비아냥거릴 때 같은 말로 쓰이지만, 톤과 억양에 따라 전혀 다른 의미로 전달이 됩니다.

Point : 결론적으로 말할 때는 내용뿐 아니라 톤과 억양도 중요합니다.

짧은 문장으로 표현하라

시카고 대학의 심리학 연구팀이 '듣는 사람과 말하는 사람 사이에 주고받은 내용을 서로 어느 정도 이해했는지' 알아보는 실험을 했다. 실험 결과, 말하는 사람이 생각한 것보다 듣는 사람은 내용을 덜 이해하는 것으로 밝혀졌다. 이는 우리가 말할 때 무엇보다 상대방이 잘 이해할 수 있는 표현법을 사용할 필요가 있다는 것을 보여준다.

상대방이 잘 이해할 수 있도록 돕는 말하기 방법 중 하나가 짧은 문장을 활용하는 것이다. 우리는 장문의 표현보다 단문으로 짧게 줄여 말하는 것을 더 쉽게 듣는다.

그런데 많은 사람들이 의외로 문장을 이어서 말하는 습관이 있다. '~해서 ~했는데 ~했고 ~하자 ~하더라구요'와 같이 문장과 문장의 꼬리를 무는 말을 많이 사용하고 있다.

따라서 우리는 매순간 짧은 말이 상대의 귀에 더 잘 들린다는 것을 챙겨야 한다. 듣는 입장에서는 꼬리를 물고 이어지는 말보다, '~했습니다'로 한 문장씩 끊어주는 말이 귀에 더 잘 들린다는 것을 항상 염두에 둬야 한다.

우리말은 구조상 끝말(서술어)에 따라 의미가 달라지는 경우가 많다. 따라서 끝말을 분명히 끊어주지 않으면 말의 의도를 이해하기 어려운 것이 우리말의 구조다. 듣는 이에게 이어지는 말을 따라가며 의미를 파악하는 노력까지 해 달라고 할 수는 없다.

그나마 글로 표현할 때는 문장이 길어서 이해가 안 가면

앞부분을 다시 읽으며 의미를 파악할 수 있다. 하지만 말은 한 번 뱉고 나면 사라지는 휘발성을 가지고 있어서 한 번에 전달되지 않은 말은 그대로 사라지기 십상이다.

따라서 말을 할 때는 한 번에 듣고도 쉽게 알아들을 수 있도록, 놓치는 말이 없도록 최대한 끝말을 분명히 끊어주는 짧은 문장을 활용하는 습관을 들여야 한다.

하나의 문장에 너무 많은 것을 담으려 하지 말자. 오히려 문장을 간결하게 표현해서 말할 때 의도가 명확해지고 귀에도 쏙쏙 전달된다.

장문 예시)

올해로 창립 20주년을 맞은 우리 회사는 초기 전략적 신규 사업을 추진하며 성장하였으나 세계 경제위기의 여파로 인한 위기에 봉착해 어려움을 겪었으며 다행히 이를 기회로 삼아 새로운 사업 구조를 형성하고 체질 개선을 추구해서 오늘날의 성장에 이르렀습니다.

단문 예시)

우리 회사가 올해 창립 20주년을 맞았습니다. 회사 초기에는 전략적 신규 사업을 추진하며 꾸준히 성장했습니다. 하지만 세계 경제위기의 여파로 큰 어려움을 겪기도 했습니다. 다행히 이를 기회로 삼아 새로운 사업 구조를 형성하게 되었고 체질 개선에도 성공했습니다. 그리고 오늘날의 성장에 이르렀습니다.

원오원(1.0.1) 기법을 기억하라

'1분' 동안 자기소개를 해야 한다면 어떻게 해야 할까? 면접처럼 짧은 시간에 답을 해야 하거나 모임에서 짧게 인사말을 해야 하는 순간도 마찬가지다. 길게 말하는 것보다 이렇게 짧지만 인상 깊게 말해야 하는 상황이 더 어렵게 느껴지는 경우가 많다. 하고 싶은 말을 떠오르는 대로 나열하듯 말해서는 시간 안에 핵심을 전달할 수가 없다.

이럴 때 1.O.1(원.오.원)을 떠올리면 큰 도움을 얻을 수 있다. 첫 번째 '원'은 한 가지 메시지에 집중하라는 의미다. 두 번째 '오'는 오프닝에서 결론을 미리 말하라는 의미다. 세 번째 '원'은 1분 안으로 말을 마치라는 의미다.

말할 때 여러 가지 내용을 말하면 하나도 제대로 전달하지 못할 수 있다. 따라서 아무리 하고 싶은 말이 많더라도 욕심을 버리고 한 가지 주제를 골라 거기에 집중하는 것이 좋다. 여기에 주제에 관한 에피소드나 경험을 들려주며 이야기를 풍성하게 한다면 전하려는 메시지는 더 잘 각인된다.

사람들은 서론이 장황하게 늘어지면 흥미를 잃는다. '그래서 말하려는 게 뭐지?'라며 집중하지 못할 수 있다. 따라서 처음 시작할 때 주제가 무엇인지 미리 명확하게 전달하는 것이 좋다. 많은 이들이 기승전결 식으로 이야기를 끌어가면서 마지막에 멋진 결말을 제시하는 것을 선택하는데, 이것은 잘못하면 1분 안에 끝내지 못하고 이야기를 늘어지게 만들 수 있다. 1분을 넘긴다고 문제가 되는 것은 아니지만, 이런 자리에서 간결함으로 임팩트를 주지 못하고 시간을 끌면 듣는 이들에게 분위기도 파악하지 못하는 사람이라는 인상을 줄 수 있다는 것을 알아야 한다.

1분이라는 시간이 주어지는 말하기에는 시간 제약을 둔 이유가 있다. 예를 들어 면접의 경우, 수십 명 또는 수백 명의 지원자의 이야기를 듣는데 긴 이야기는 피로감을 줄 뿐이다. 모임에서 지루함을 안기는 긴 인사말도 마찬가지다.

따라서 말을 할 때는 임팩트 있는 말로 강렬한 인상을 주기 위해 원오원(1.O.1) 기법을 항상 가슴에 새길 필요가 있다. 간결함과 임팩트 있는 메시지 전달이라는 1분 스피치의 묘미를 익혀놓으면, 나중에 긴 시간이 주어지더라도 얼마든지 잘 대처해 나갈 수 있다.

04 끌리게 말하는 세 가지 기법

같은 내용이어도 귀에 더 쏙쏙 전달되는 말이 있다. 상대방의 말에 더 몰입하게 만들고 수긍하게 하는 끌리는 말이다.

고개를 끄덕이게 만들고 소통하고 있다는 느낌을 주는 끌리는 말하기 기법 세 가지를 제시해 본다.

"왜냐하면"을 이용해 전달하라

하버드대학교 심리학과 엘렌 랭거 교수는 도서관에서 복사하기 위해 줄을 서 있는 사람들을 대상으로 의미 있는 실험을 했다. 그들에게 양보해 줄 수 있는지 묻는 상황을 설정하고 "왜냐하면"이라는 말이 얼마나 영향력을 발휘하는지 알아본 것이다. 랭거 교수는 다음과 같은 질문을 하면서 "왜냐하면"이라는 말을 사용할 때와 그렇지 않았을 때의 반응을 통해 의미 있는 차이를 발견했다.

1. 죄송합니다. 제가 먼저 복사해도 될까요?
2. 죄송합니다. 제가 먼저 복사해도 될까요? 왜냐하면 급한 일이 있어서요.
3. 죄송합니다. 제가 먼저 복사해도 될까요? 왜냐하면 복사를 해야 해서요.

실험 결과, 1번의 질문에는 60%, 2번의 경우엔 94%, 3번의 경우에도 93%의 사람들이 양보를 해주는 것으로 나타났다. 단지 "왜냐하면"이라는 말을 쓰는 것만으로도 양보를 얻어낼 확률이 높게 나타난 것이다. 심지어 3번의 질문에는 "왜냐하면" 다음에 이어지는 말이 특별한 이유가 아니라 뻔한 말을 반복한 것이었는데도 결과는 높게 나타났다.

랭거 교수는 이런 현상이 우리 뇌의 자기 정당화 능력 때문이라고 말한다. 쉽게 말해 "왜냐하면"이라는 말을 듣는 동시에 우리 뇌는 그럴 만한 근거가 있을 거라고 판단하고 듣는다는 것이다. 위에 사례처럼 이유의 내용과 상관없이 쉽게 양보를 선택하게 되는 것이다. 따라서 우리는 상대에게 의사를 전달할 때는 가급적 "왜냐하면"이라는 말을 적절히 사용할 줄 알아야 한다. 예를 들면 이런 식이다.

"3일 안으로 서류 마무리해서 가져오게."
"3일 안으로 서류 마무리해서 가져오게. 왜냐하면 3일 후에 상무님께 보고해야 하거든."

"오늘은 학교 끝나자마자 집으로 곧바로 와야 해."
"오늘은 학교 끝나자마자 집으로 곧바로 와야 해. 왜냐하면 병원에 갈 시간이 오늘 오후밖에 없거든."

여러분은 두 문장 중 어떤 표현에 마음이 가는가?
상대방의 행동을 이끌고 싶다면 '왜냐하면' 기법을 활용

해 보자. 사람들은 근거가 있는 말에 마음을 움직이고 이를
행동으로 옮길 확률이 크기 때문이다.

잠시 멈춤으로 소통하라

2011년 미국 애리조나 총기난사 사건의 희생자 추모식에
당시 대통령이었던 오바마가 참석해서 추모 연설을 하던
중이었다. 희생자 가운데 한 명인 9살 소녀 크리스티나에
대한 이야기를 하던 오바마는 그녀의 유가족과 눈을 마주
쳤다. 그 순간 그는 말을 멈추고 무려 51초 동안 침묵을 유
지했다.

다음 날 오바마의 연설은 '21세기 최고의 공감 스피치'였
다는 보도로 언론을 휩쓸었다. 51초의 침묵, 그것은 그 어
떤 말보다 강력한 메시지를 전달했다.

그때 오바마가 준비한 연설에만 몰두해서 하고 싶은 말
만 전하고 끝났다면 그의 스피치는 이런 찬사를 받지 못했
을 것이다.

실제로 말하기를 더욱 돋보이게 하는 것 중 하나가 말하는 중간에 잠시 멈추는 것이다. 역설적으로 들리겠지만 말을 멈춤으로써 더 강력하게 메시지를 전달할 수 있다.

말하기 기법으로 포즈(pause)라고 하는데, 중요하거나 강조하고 싶은 부분 앞에서 잠시 멈추었다가 다음 말을 이어가는 방법이다.

이때 말과 말 사이를 이어주는 잠깐 동안의 시간적 여백은 상대방을 집중시키는 강력한 무기로 작용한다. 특히 사람들은 침묵 후 이어지는 말에 더 관심을 갖고 집중하기에 의미 있는 메시지를 전달하는데 큰 효과를 볼 수 있다.

우리가 누군가의 이야기를 듣는 상황이라고 가정해보자. 자기 말만 계속해서 늘어놓는 사람의 말에 계속 집중하기란 쉽지 않다. 때로는 상대의 이야기와 내 생각이 겹쳐질 때도 있고 딴 생각으로 빠질 수도 있다. 이때 말하는 사람이 자신의 말을 잠깐 멈춘다면 어떨까?

다른 생각에 빠져있던 듣는 이는 순간 '왜 말을 멈추지?' 하며 말하는 사람에게 다시 집중하게 된다. 짧은 순간 주위가 환기되며 다시 한번 말하는 사람에게 집중하면서 몰입할 수 있게 되는 것이다.

하고 싶은 말을 다 했다고 소통이 되는 것이 아니다. 진짜 소통의 말하기는 듣는 사람에게 제대로 전달되었을 때 완성된다. 그렇기 때문에 때로는 침묵으로 듣는 사람에게 말할 기회를, 생각할 기회를 그리고 다시 집중할 기회를 내주어야 한다. 그러기 위해서 말을 잠시 멈춰 보자.

브리프 백 기법을 활용하라

커뮤니케이션(communication)의 어원은 '함께 나누다'라는 라틴어 'communicare'에 있다고 한다. 소통은 일방적으로 전달하는 것이 아니라 함께 나누는 과정이라는 뜻이다.

말하기가 일방적으로 내 생각이나 의견을 전달하는 것으로 끝난다면 소통이라고 할 수 없다. 말하기가 소통의 기능을 다 하려면 말하는 이와 듣는 이가 함께 나누는 과정이 필요하다. 그래서 소통을 잘하는 사람의 특징 중 하나는 상대의 말을 들어주는 것이다. 말하기는 반드시 듣기를 포함한다. 소통의 기술에서 빠지지 않는 것이 경청인 이유도 여기에 있다.

일본의 기업들은 협상시 일부러 많은 사람들을 회의장에 참석시킨다고 한다. 협상 중인 상대방을 관찰하면서 더 많은 정보를 알아내기 위해서라고 한다. 여기서 관찰이라는 말은 제대로 듣기의 또 다른 표현이다. 듣기는 단순히 들리는 메시지에 집중하는 것이 아니다. 한자로 듣는다는 뜻을 가진 청(聽)에는 귀(耳)로 듣고, 눈(目)으로 보고, 마음(心)으로 새긴다는 뜻이 담겨 있다는 점은 시사하는 바가 크다.

잘 듣는다는 것은 서로 오해 없이 정보를 교환하고 감정을 교류하기 위해 필요한 작업이다. 그렇기 때문에 말하는 입장에서 상대방이 잘 듣고 있는지 체크하는 것도 경청 못지않게 중요한 일이다.

말하는 사람이 중간중간에 상대방에게 질문을 던져 잘 듣는지 확인할 수 있는데 이때 활용할 수 있는 것이 브리프백(brief back)이다.

"지금까지 이해한 바를 설명해주시겠어요?"

"어떻게 생각하십니까?"

이런 식으로 질문을 던짐으로써 상대방과의 소통이 잘
되고 있는지 점검하는 것이다. 이 기법을 통해 상대방이 잘
못 이해하고 있다면 추가 설명으로 오해를 줄일 수 있고 서
로 추구하는 이야기의 방향이 다르다면 수정할 수도 있다.
무엇보다 상대방에게 말할 기회를 넘겨줌으로써 소통의 상
호성을 유지할 수 있다는 점도 브리프 백의 이점 중 하나이
다. 브리프 백 기법을 활용하면 서로 나누는 소통의 묘미를
살릴 수 있어서 관계 형성에 큰 도움을 얻을 수 있다.

05 통하게 말하는 세 가지 기법

머리로는 이해가 되지만 마음이 움직여지지 않는 말이 있다. 따라서 소통을 이끌어 내는 말이 되기 위해서는 논리만으로는 부족하다. 감정이라는 또 다른 날개가 있어야 비로소 소통의 날갯짓이 가능하다. 의사소통만큼 중요한 감정소통의 의미를 이해하고 이를 어떻게 전달할 수 있는지는 통하는 말하기의 필수 요소다.

감정소통을 먼저 하라

일요일 오후, 핸드폰이 울리고 회사 동기의 이름이 뜬다.

'쉬는 날에 무슨 민폐야?'

이런 생각도 잠시, 혹시 중요한 일일지도 모른다는 생각에 전화를 받는다.

"응, 난데…."

막상 전화를 받으니 다짜고자 자신의 얘기만 늘어놓고 전화를 끊는 동기의 행동에 마음이 상한다.

'아니, 적어도 쉬는 날인데, 미안해라든가 전화통화 가능해? 정도는 물어봐야 하는 거 아니야?'

이런 생각이 들자 갑자기 불쾌감이 몰려온다. 더구나 '지난번에도 이러더니….'라는 생각에 이르자 주말이면 어떻게든지 이 친구 전화는 피하고 싶다는 결론을 내리기에 이른다.

여러분도 이런 경험을 해봤을 것이다. 같은 말이라도 어떻게 말하느냐에 따라 다른 의미로 받아들이게 된다. 같은 부탁이어도 누군가의 말에는 기꺼이 도와주고 싶고, 누구의 말에는 그러고 싶은 마음이 전혀 들지 않는 경우가 있다.

그동안 쌓아놓은 신뢰의 관계도 영향을 주지만, 그것 역시 어떻게 소통하느냐에 대한 결과물이다. 상대방에게 양해를 구하는 말 한마디, 고마움을 전하는 인사말 하나를 더 한다면 의미도 분명 달라졌을 것이다.

한때 이성과 논리가 중시되는 행동주의 철학의 패러다임에서 주목받지 못했던 감정과 감성이라는 것이 이제는 크게 주목을 받고 있다. 4차 산업혁명의 개념을 처음 제시한 클라우스 슈밥은 '성공을 위한 4가지 지능'에서 정서 지능의 중요성을 언급했다. 협상학의 대가이자 『원하는 것이 있다면 감정을 흔들어라』의 저자인 하버드대학교 대니얼 샤피로는 협상의 본질은 감정을 아는 것이라고 했다.

범인의 자백을 이끌어내는 프로파일러도 정서적인 교감을 통한 라포 형성을 중요한 요소라고 말한다. 아이를 공부시키려는 부모 역시 아이의 감정을 상하게 해서는 그 목적을 달성할 수 없다. 조직에서도 팀원의 감정을 상하게 하면 얻는 것보다 잃는 것이 더 많게 된다.

그렇기 때문에 "정보만이 아니라 정서를 함께 전달할 때 소통의 질이 높아진다"는 스티븐 코비 박사의 말은 의사소통만큼 중요한 감정소통을 되새겨 볼 수 있는 의미 있는 말이다.

표정의 메시지를 더하라

"네네, 죄송합니다."

이렇게 말했지만 전혀 그런 느낌을 주지 않는 사람이 있다. 말의 내용에 진정성이 느껴지지 않는 경우다.

말의 내용을 그 의미대로 전달하려면 거기에 어울리는 말투와 표정과 같은 비언어를 입혀야 한다. 사람들은 말의 내용보다 목소리와 표정에서 전달되는 메시지를 보고 그 의미의 진의를 파악하기 때문이다.

표정은 말투를 결정짓게 하는 중요한 요소다. 무표정한 상태로는 밝은 목소리를 낼 수 없으며, 반대로 미소진 표정으로는 경직된 말투가 나오지 않는다. 표정과 말투는 서로 유기적으로 연결되어 말보다 강력한 메시지를 보낸다.

따라서 수시로 나의 목소리가 딱딱하거나 차가운 느낌이라면 표정이 굳어있지는 않은지 살펴볼 필요가 있다. 의도와 다르게 내가 전하는 말이 표정과 말투로 왜곡될 수 있기 때문이다.

우리는 미소짓는 표정만으로도 상대방에게 긍정 정서를

전할 수 있다. 하버드 비즈니스 리뷰의 연구에 의하면 사람들은 무표정하게 칭찬하는 사람의 말보다 밝은 표정으로 질책하는 사람의 말을 더 긍정적으로 받아들인다고 한다. 표정이 말의 전달력을 더 힘 있게 만드는 강력한 도구임을 알아야 한다.

평소 어떤 표정으로 메시지를 건네고 있는지 거울을 보며 체크해 보는 것은 정말 의미있는 일이다.

문자에 감정을 담아라

지난 수 세기 동안 인간은 결정이나 판단의 순간에 논리적인 근거와 이성적인 해석이 중요한 역할을 한다고 생각해왔다. 하지만 최근 심리학의 패러다임은 감정의 중요성을 언급하고 있다.

"논리적인 생각은 이성이 지배하는 좌뇌에서 하지만 최종 행동 결정은 감성이 작동하는 우뇌에서 한다."

다중지능이론을 세상에 알린 하버드대학교의 하워드 가드너 박사의 말처럼 감성은 소통에서 큰 영향을 끼친다. 질 좋은 소통을 위해서는 논리와 이성만큼 감정을 중요하게 다뤄야 한다는 것을 알아야 한다.

요즘 대면 커뮤니케이션보다는 문자 커뮤니케이션이 늘어나면서 의도가 왜곡되어 오해가 생기는 경우가 종종 있다. 목소리와 표정으로 전달할 수 있는 정서를 문자로 전달하기 쉽지 않기 때문이다. 앞 장의 메라비언 법칙에서 살펴보았듯이 소통은 7%의 언어와 93% 비언어로 의미를 더 정확하게 전달할 수 있다. 그런데 문자의 경우엔 감정의 의미를 더하는 비언어적인 요소를 놓칠 수 있다.

따라서 문장부호나 이모티콘으로 정서적 메시지를 함께 보내는 일이 벌어지고 있는데, 이것은 배제될 수 있는 감정의 결을 더하는 방법이 될 수 있다.

상사의 문자에 '네'라는 답변을 하는데도 뒤에 어떤 문장기호를 함께 쓰느냐에 따라 각각 다른 의미로 전해질 수 있다. 예를 들면 이런 식이다.

넵! : 당연하죠! 가능합니다!!

넵. : 일단 알겠습니다

네? : 뭐라고요?

네. : 알겠지만 좀 불쾌하네요

    기호나 이모티콘으로 메시지의 의미를 좀 더 명확하게 전하려는 시도를 해 봤을 것이다. 감정을 최적화하는 이모티콘을 찾는 어려움이 있지만, 문자 소통에서 이러한 시도는 소통을 한층 더 발전시키려는 노력임이 분명하다.

    때로는 '감사한 마음을 전합니다', '당황한 마음으로 연락드립니다'와 같이 마음을 직접 글로 표현하는 것도 좋은 방법이 될 수 있다.

Chapter 5

동화 같은 공감으로
동화 같은 소통하기

공감을 받으면 우리는 힘든 삶에 결코 혼자가 아니라는 안도감, 잘할 수 있을 것 같다는 자신감 등 여러 가지 긍정적인 감정을 경험하게 된다. 이러한 감정들은 공감을 받은 사람의 삶에 동화 같은 기적을 가져오기도 한다. 지금 우리 사회는 소통매체의 발달로 공감이 넘쳐나는 듯 보인다. 하지만 공감이 여러 수단으로 잘못 사용되면서 공감풍요 속에 공감부족 사회를 살고 있다. 이런 세상에서 공감 4단계 M.U.F.A 방법을 통해 동화 같은 기적으로 동화 같은 소통을 할 수 있는 공감 4단계 M.U.F.A 방법을 소개한다.

01 반려동물과 커들러를 찾는 이유는?

"삐 삐 삐 삐."

현관문을 여니 기다리고 있던 강아지가 하얀 꼬리를 흔들며 펄쩍펄쩍 뛰어오른다. 밤까지 새우며 준비했었던 교육을 끝내고 집으로 온 K는 피로가 급격하게 몰려오는 것을 느꼈다. 그런 K를 기다렸노라며 제 온몸을 다해 표현하는 강아지를 보고 그는 순간 울컥했다. 복슬복슬 따뜻한 강아지는 얼굴이며 목을 마구 비비며 포옹을 한다. 지쳤던 몸과 마음에 힘이 난다. 실수했던 일, 예상대로 되지 않았던 일 때문에 속상했던 마음도 잠시 잊어버린다.

"괜찮아, 괜찮아."

마치 이렇게 걱정스러운 눈으로 쳐다보는 강아지를 천천히 쓰다듬어 준다.

'그래, 괜찮아.'

K는 속으로 되뇌며 강아지를 바라본다.

반려동물을 키우는 인구가 1,400만 명을 넘어서고 반려동물 관련 시장이 6조에 육박한다고 한다.[9] 고령 인구의 증가, 자녀의 빠른 독립, 3포세대의 비혼추구 등으로 1인 가구가 급증했기 때문이다. 외로움을 달래기 위해, 심지어 자녀를 낳는 대신 반려동물을 키우는 사람도 있을 정도다.

반려동물이 주는 안정감은 반려동물을 키우는 사람이면 누구나 알 것이다. 기쁠 때 함께 기뻐해 주고, 슬플 때 함께 슬퍼해 주는 그 따뜻함은 무엇으로도 바꿀 수 없다.

오죽하면 "사람보다 낫다."고 말하는 사람들이 늘어나고 있을까?

미국에서는 '커들러(Cuddler)'와 '스너글러(Snuggler)'로 불리

---

9) '반려동물인구 1400만… '펫 시장' 내년 6조' 뉴데일리경제, 2019-07-04

는 직업이 유망직업으로 떠오르고 있다.[10] 현재 16개 주에서 사업이 펼쳐지고 있는데 이들은 고객들을 안아주는 직업으로 한 시간에 80달러, 하룻밤에는 400달러 정도의 돈을 받는다고 한다. 성적인 행위는 없이 포옹만 하는 일로 꼭 안기, 간지럼 태우기, 거칠게 안기 등 고객이 원하는 주문이 포함되어 있다. '커들러'라는 앱은 5개월도 안 됐는데 24만 번의 다운로드와 하루에 7000~10,000명이 사용하는 규모로 성장했다고 한다.

어떻게 이런 일이 벌어지는 것일까? 사람들은 왜 모르는 사람에게 안겨서 자신의 속내를 얘기하며 위안받고 싶어하는 것일까?

누구나 이런 경험은 있을 것이다. 기쁨이나 슬픔을 나누고 싶은데 마땅히 연락할 사람이 떠오르지 않을 때, 아무도 나와 함께 해주지 않을 때, 그래서 세상이 끝날 것 같은 고통이 찾아왔을 때, 누군가 아무 말 없이 나를 꼬옥 안아주면서 "괜찮아, 괜찮아."라며 등을 두드려줬을 때의 편안함을. '커들러'를 찾는 사람의 마음은 바로 이런 위안을 얻으

169

10) Professional Cuddlers Embrace More Clients, 2015.01.08. 워싱턴포스트

려는 욕구에 있을 것이다.

인간은 혼자서 살 수 없는 존재이기에 1인 가구가 새로운 가족 형태로 자리잡아가는 현대사회에서는 반려동물과 '커들러'와 같은 공감의 대상이 더욱 확산될 수밖에 없을 것이다.

인간은 누구든지 지치고 힘들고 슬프고 화나고 무기력해지는 날이 있다. 가까운 사람에게 상처되는 말을 들은 날, 열심히 준비한 프로젝트를 인정받지 못하는 날, 오랫동안 누적된 피로가 한꺼번에 밀려와 몸이 천근만근인데도 일해야 하는 날, 나아지지 않는 현실을 견디며 살고 있는데 그날 따라 마음이 너무 힘이 드는 그런 날, 이런 날 내 곁에 아무도 없다면 고통에서 더욱 헤어나오기가 힘들다.

인간은 또한 혼자서 주체하기 힘든 기뻐서 팔짝 뛰고 싶은 날이 있다. 진행하던 프로젝트가 성공해서 축하받고 싶은 날, 원하던 시험에 합격한 날, 어렵게 시작한 장사에서 첫 손익분기점을 넘기는 날 등 기쁨이 넘쳐서 도저히 혼자서만 품고 있기 힘든 날, 이런 기쁨을 함께 나눌 사람이 없다는 것은 정말 가슴 아픈 일이다.

너무 슬프거나 너무 기쁜 날, 이런 날이 왔을 때 우리에게 가장 필요한 것은 내 마음을 알아주고 함께 느껴주며 따뜻한 말이나 행동으로 보듬어주는 대상, 즉 공감을 해주는 대상이 필요하다. 그 대상이 반려동물과 '커틀러'보다 더 나를 이해해주고, 감싸주고, 사랑해주는 사람이라면 그 효과는 더욱 클 수밖에 없다.

"각각의 사물은 자신 안에 존재하는 한에서 자신의 존재
안에 남아 있으려고 한다."

스피노자는 『에티카 3부』에서 이렇게 말했다. 이른바 '코나투스'라 불리는 이 문구는 그의 철학의 가장 중요한 부분을 차지한다고 해도 과언이 아니다. 모든 존재는 자기 자신의 존재를 보존하기 위해 노력한다. 이러한 자기 존재를 보존하기 위해 노력하고 추구하는 경향성이 코나투스이다.

불행히도 인간은 자신의 힘만으로 자신을 보존할 수 없다. 인간은 다른 사람의 도움을 받아야 삶을 영위할 수 있는 존재다. 스피노자에 의하면 인간은 자신의 코나투스를

보존하기 위해서 다른 사람과 연결할 수밖에 없는 존재다. 인간은 사회적인 동물이라는 아리스토텔레스의 말과 일맥 상통하는 말이다. 이러한 이유로 스피노자는 인간의 코나 투스는 기쁨을 주는 관계를 추구한다고 했다. 코나투스는 자신과 비슷한 사람과 관계를 맺을 때 가장 큰 기쁨을 가진 다고 한 것이다.

그렇다면 비슷한 사람의 조건은 무엇인가? 비슷하다는 것 은 서로 일치하는 점이 많다는 것이고, 그것은 곧 서로 공감할 것이 많다는 것이다. 공감할 것이 많을수록 우리는 서로 더 비슷한 사람이 되어 더욱 돈독한 관계를 맺게 되는 것이다.

공감은 아이를 양육하는 엄마의 모습으로 가장 잘 드러 난다. 엄마는 울음소리와 비언어적인 표현들로 아이가 무 슨 감정을 나타내는지 파악하여 아기에게 필요한 것이 무 엇인지 바로 알아차린다. 이런 엄마의 공감기술이 아이의 성장발달에 큰 영향을 미친다.[11]

---

11) 정미라 · 김민정 · 이방실(2015) 어머니의 공감능력과 양육태도가 유아기 자녀의 놀이성에 미치는 영향 생태유아교육연구 14(1) 101 - 122

어렸을 때 엄마로부터 적절한 공감을 받고 자란 아이는 공감 능력을 그대로 전수받아 사회생활을 하면서 많은 공감을 이루며 산다. 우리가 공감을 받았을 때 느끼는 안정감과 편안함도 엄마의 이런 공감적인 양육에서 비롯된 것일지도 모른다.

공감을 받으면 우리는 힘든 삶에 결코 혼자가 아니라는 안도감, 잘할 수 있을 것 같다는 자신감, 든든하고 희망이 솟는 느낌, 다시 시작할 수 있다는 희망, 포근하고 따뜻한 느낌 등 여러 가지 긍정적인 감정을 경험하게 된다. 공감할 때 느끼는 긍정적 감정들은 우리의 삶을 더욱 풍부하게 해주고 삶의 의미와 행복감을 느낄 수 있게 해준다.

공감은 사회적인 존재인 인간에게 꼭 필요한 소통 능력이다. 관계를 잘 유지하고 행복한 삶을 추구하기 위해서는 꼭 갖춰야 할 능력이 공감이다. 그렇다면 반려동물과 '커들러'를 찾는 사람들이 늘어나는 현실에서 우리는 어떻게 공감능력을 키워갈 것인가?

02 진정한 공감이란 무엇인가?

1. 사회적 성공을 이뤄 돈이 많은 A는 지난 여름 수해로 집을 잃은 이재민들에게 줄 구호물품을 직접 전달하고 SNS 에 올릴 사진을 위해 이재민과 사진을 찍었다.

2. B는 A의 SNS에 올라온 황폐해진 재해현장에 가슴 아파하며 '좋아요' 버튼을 눌러줬다.

3. B는 추운 겨울, 지하철 역사 안 계단에서 얇은 옷을 입고 등이 잔뜩 굽은 채로 껌을 팔고 있는 할머니를 보며 가슴이 아려오는 것을 느끼며 지하철을 타러 갔다.

4. 취업을 못 해 힘들어하는 친구에게 "너보다 더 힘든 사람도 많아"라는 말로 위로해주었다.

여러분은 이 중에 어떤 경우가 공감에 가깝다고 생각하는가? 이 중에 답이 있다면 과연 몇 번이겠는가?

SNS와 마술버튼

SNS를 통해 다양한 직업, 지역, 학력, 취향의 사람들을 짧은 시간에 적은 노력으로 많이 만날 수 있게 되면서 사회관계망이 훨씬 복잡하고 넓게 채워지면서 예전과는 비교할 수 없을 정도로 대인관계의 범위와 의사소통의 양이 늘어났다.

SNS의 작동원리는 '공감'이다. '좋아요'와 '하트'라는 버튼의 수에 자신의 존재감을 드러내는 곳이다. 나는 이 버튼을 마술버튼이라 부른다. 이 버튼으로 '좋아요'와 '하트'라는 표식이 자신의 글 아래에 생기는 순간 누구나 기쁨을 느낀다. 버튼을 누른 횟수가 늘어날수록 그 기분은 더욱 고조된다.

사람의 기분을 고조시키는 이 마술버튼은 공감 소통의 중요한 수단이기도 하다. 누가 내게 버튼을 눌러줬는지 알기에 고마움의 표시로 상대방의 글에도 품앗이하듯이 마술버튼을 눌러준다. 이렇게 거대한 공감의 세계가 형성되었다. 이 공감의 세계에서 우리는 진짜 공감을 받고 있는 것있까?

J는 누군가에게 받은 상처를 장문의 글로 SNS에 올린 적이 있다. 상처받은 마음이 몇 달이 지나도 사그라지지 않아 새벽에 긴 글을 올리고 잠이 들었다. 다음날 J는 그 글을 보고 깜짝 놀랐다. 많은 사람이 J의 글에 댓글을 남겨놓은 것이다. '나도 그런 적이 있다', '처신을 잘했다', '마음이 아프겠다'는 등 J의 상처에 공감을 해주는 '좋아요'와 댓글들이 넘쳐났다. 정말 고맙고 위로가 됐다고 한다. 자신이 인기 있는 사람이 된 것만 같아 묘한 희열까지 느꼈다.

하지만 사나흘이 지난 후, 다시 한번 댓글을 확인하면서 J는 이상한 감정이 들었다. 조금 초조한 감정을 느낀 것이다. 공감이 주는 위로는 어느 새 뒷전으로 밀리고 댓글을 평가하는 자신의 모습이 보였다. 단문의 댓글을 볼 때는 괜히 서운했다. 평소 친분이 있는 사람의 댓글이 보이지 않자 서운함이 몰려왔다. 그런 자신에게 헛웃음이 났다. 어느 새 J는 위로 받고자 하는 마음을 벗어나 더 많은 관심을 받고 싶어하는 행동을 보이고 있었다.

수많은 연구에서 외로움은 사용자의 안녕을 예측하는 데 중요한 구성요소로 간주된다. 외로움은 공감을 받지 못할 때 생기는 감정이다. '특별한 날'에 함께 할 사람이 없다고 생각 된 때 느끼는 감정이다. 외로움이 많은 사람들이 외로움이 적은 사람들보다 SNS를 사용하는 경향이 더 많다고 한다.

SNS로 많은 사람들과 소통하지만 외로움은 쉽게 사그라 들지 않는다. 오히려 전국의 20~30대 463명(남 214명, 여 249명)을 대상으로 SNS에 관한 설문 조사에서 78.8%가 SNS 때문에 쓸쓸하거나 허전했던 경험이 있었던 것으로 나타났 다.[12] SNS로 대인관계의 증가가 타인과 나를 비교하는 자원 과 범위도 더 늘어나게 함으로써 기존보다 사회적 박탈감

---

12)김인경1, 박상욱2, 최혜미(2017) 대학생의 스마트폰 중독, 의사소통 능력, 외로움, 대인관계 건강 간의 관계, Journal of the Korea Academia-Industrial cooperation Society 18(01) 637-648,

을 느끼는 횟수가 더 증가하고, 사람들의 '좋아요'와 댓글의 숫자에 더 신경을 쓰는 불필요한 정신적 소진행위가 많아졌기 때문이다.

SNS의 마술버튼은 중독성이 있다. 마술사에게 더 강한 마술을 보여달라고 요구하는 것과 같다. 더 자극적인 글, 더 과장된 글로 공감 버튼을 요구하고 있다.

지진이나 산사태, 화산이 폭발해서 그 지역의 몇천 명이 희생됐다는 글이 올라오면 사람들은 안타까움을 느끼며 버튼을 누른다. 하지만 그것으로 끝이다. 많은 사람들이 성금을 보내면서 행동으로 공감을 표현하기도 하지만 대부분의 사람들은 단지 안타까운 '정보'에 '동감(같은 생각을 가짐)'할 뿐이다.

SNS에서의 마술버튼은 1초만에 공감을 대신해준다. 공감이 그렇게 쉽게 이루어질 수 있는 것일까? 공감은 더 깊고 세밀한 정신작용이다. SNS의 거대 공감 세상은 삭막해진 우리의 사회가 얼마나 공감을 필요로 하는지를 역설적으로 보여주고 있는 건지도 모른다.

공감 흉내 내기(Imitation Empathy)

가상의 거대공감 세상을 벗어나서 실재 세상을 살펴보자. 아마 많은 사람들이 다음과 같은 상황을 겪었을 것이다.

나의 상황을 이해해주는 말과 행동을 했던 친구가 알고 보니 그저 인기에 연연한 행동을 한 것에 불과했다는 것을 알게 된 일, 힘들고 낯선 직장에서 유난히 친절하고 배려 깊은 행동으로 힘이 되었던 상사나 동료가 알고 보니 자신의 일을 나에게 맡기기 위함이었다는 것을 알게 된 일, 오랜만에 간 동창회에서 유난히 반갑게 맞아주고 옛날 추억을 함께 공감해주던 동창이 뒤에서 나의 험담을 하고 있다는 것을 알게 된 일 등 일상에서 공감이라고 느꼈던 많은 일들이 사실은 자신의 이익을 위한 행동이었다는 것을 알게 된 씁쓸한 경험은 누구나 살면서 겪지 않았을까?

179

"상대가 거짓으로 감정을 꾸며도 우리는 쉽사리 그 감정을 따라 느낀다."
찰스 다윈은 『인간과 동물의 감정 표현』에서 이렇게 말했다. 우리는 가짜 공감을 경계해야 한다. 공감은 누구나 갈구한다. 그런 심리를 이용해서 자신의 이익을 추구하는 행동을 이 책에서는 '공감 흉내 내기(Imitation Empathy)'라고 부른다. 이것은 씁쓸함을 넘어서 좌절감, 배신감, 분노 등의 감정을 유발한다. '공감 흉내 내기'의 행동은 각 개인과 개인뿐 아니라 우리 사회 전반에 신뢰를 무너뜨려 소통의 길을 가로막는 큰 장애물이다.

소통의 목적은 다른 사람들의 신뢰와 호감을 얻는 것이다. 적절하고 균형 있는 소통을 하는 사람은 다른 사람의 우호적인 협력을 끌어내 삶에서 필요한 자원들을 쉽게 얻어 자신이 목표로 하는 사회적 성공을 좀더 빨리 이룰 수 있다. 따라서 신뢰와 호감을 얻는 방법론에 많은 사람들이 관심을 가지는 것은 당연한 일이다.

공감은 사람들의 신뢰와 호감을 살 수 있는 최고의 방법이다. 공감 흉내 내기'를 사회생활의 기본자세라고 잘못 받아들이는 사람이 적지 않은 이유다. 더군다나 대한민국에서만 20만 권 이상, 영어권에서만 2억6천만 권 이상이 검색되는 소통에 관한 책들로 인해 '공감 흉내 내기'는 더 쉽게 익힐 수 있다. 하지만 진심 어린 공감이 없이 단순히 소통기술의 일부인 '공감 흉내 내기'를 익힌 사람들은 단기적으로는 목적을 이룰 수 있을지 모르나 그 관계를 오래 이어가기는 쉽지 않다. 대부분의 경우 우리는 '진심' 어린 말이나 행동인지를 알아차릴 수 있기 때문이다. 하지만 그런 '공감 흉내 내기'를 하는 사람들에 속는 경우도 우리의 삶에서 많이 일어난다.

우리는 '마술버튼'으로 공감에 무뎌지고 '공감 흉내 내기'를 경계하면서 공감부족 사회를 살고 있다. 공감은 넘쳐나는데 공감이 부족한 사회를 살고 있는 것이다.

"사람을 수단으로 보지 말고 동시에 목적으로 대하라."

임마누엘 칸트는 '마술버튼'과 '공감 흉내 내기'에 익숙한 우리에게 사람의 관계에서 놓쳐서는 안 될 것이 무엇인지를 일깨워준다. 서로가 서로를 인격 그 자체로써 대하는 공감하려는 마음이 있을 때 우리는 진정한 소통을 할 수 있게 된다.

공감의 필요 충분 조건

2019년 9월~11월까지 방영된 KBS 드라마 『동백꽃 필 무렵』이란 드라마가 있다. 고아에다 첫사랑에게 버림받은 미혼모인 동백이가 9살 필구를 데리고 웅산이라는 마을에 오면서 벌어지는 이야기를 담고 있다. 동백이는 자신을 스스로 불쌍하다고 생각하며 사랑받지 못하는 존재라고 여긴다. 마을 사람들에게 받는 모욕이나 멸시에도 크게 반응하지 않는다. 어느 날 웅산의 순경인 황용식을 만나면서 변하게 된다. 용식은 첫눈에 동백이에게 반했지만, 그가 동백을 사랑하는 방식은 매우 특별하다. 그는 동백이에게 무조건적으로 공감을 해준다. 동백이는 살면서 받아보지 못했던 인정과 배려, 격려와 같은 공감을 해주는 용식에게 말한다.

"당신이 자꾸 이쁘다고 해주고, 잘한다고 하니까 내가 정말 그런 존재가 된 것 같잖아요. 그래서 이제 가만히 당하고만 있지 않을 거예요."

그동안 공감이 심리적으로 어떻게 작용하고 구성되는지에 관한 연구는 활발히 진행되었다.

공감은 초기에 타인의 상황과 처지를 이해하고 알아차리는 인지적 요소와 타인의 감정을 함께 느끼는 정서적 요소로 연구되었다. 1970년대에 들어서서 인본주의 심리학의 창시자인 칼 로저스가 타인의 내면을 이해하고 느낀 것을 행동으로 전달하는 공감의 행동적 요소들을 언급하면서 공감은 인지, 정서, 행동 세 가지 요소로 연구가 이뤄지고 있다. 즉 인지, 정서, 행동이라는 세 가지 요소가 충족되어야 비로소 진정한 '공감'이 이뤄진다고 본 것이다.[13]

공감을 완성하는 것은 공감해주는 사람이 아니라 공감을 받는 사람의 정서다. 공감해주는 사람이 아무리 공감했다고 해도 공감을 받는 사람이 그 의도를 알아챌 수 없다면 공감의 기능을 상실할 수밖에 없다.

『동백꽃 필 무렵』의 용식이는 동백이가 마을 사람들에게 상처받았을 때, 자신의 신세를 한탄하며 슬퍼할 때, 연쇄살인범인 까불이 때문에 두려워할 때, 마치 자신의 일처럼 마음 아파하는 공감의 감정을 보여준다. 아울러 용식이는 '감

---

13) (6)박성희 2004. '공감학.어제와 오늘' ,서울 학지사 48p

정'에만 머물지 않았다.

"고아에, 미혼모가 혼자서 필구를 잘 키우고 자영업 사장님
까지 되었는데, 남 탓도 안 하고, 치사하게 안 살고, 그 와중
에 더 착하고 착실하게 살아내는 거. 그거 다 우러러보고 박
수 쳐줘야 될 거 아니냐고요?! 남들이었으면 진작에 나자빠
졌다고, 그런데 누가 동백 씨를 욕해요! 동백 씨가 이 동네
에서 제일로 세고, 제일로 강하고, 제일로 훌륭하고, 제일로
장해요!"

그는 이렇게 말하며 동백이가 필요로 하는 도움을 주기
위해 끊임없이 고민하고 행동한다. 공감에 필요한 인지, 정
서, 행동의 3요소를 모두 갖춘 용식이의 공감은 동백이에게
기적을 일으켜 준다.

그는 칼 로저스가 강조한 행동적 공감을 누구보다 잘 실
천했다. 공감의 주체는 내가 아니라 타인이다. 공감을 받은
주체가 '공감을 받았다.'라고 느껴야 공감은 비로소 제 기능
을 한다. 이것은 상대를 위한 행동이 구체적으로 드러날 때

가능한 일이다.

지금까지 공감과 '공감 흉내 내기'에 대해서 살펴보았다. 이제 이것을 바탕으로 처음에 질문했던 문제에 대한 답을 정할 차례다. 다시 한번 점검해 보자.

이 중에 진정으로 공감을 해주고 있는 상황은 몇 번일까?

1. 사회적 성공을 이뤄 돈이 많은 A는 지난 여름 수해로 집을 잃은 이재민들에게 줄 구호물품을 직접 전달하고 SNS에 올릴 사진을 위해 이재민과 사진을 찍었다.

2. B는 A의 SNS에 올라온 황폐해진 재해현장에 가슴 아파하며 '좋아요' 버튼을 눌러줬다.

3. B는 추운 겨울, 지하철 역사 안 계단에서 얇은 옷을 입고 등이 잔뜩 굽은 채로 껌을 팔고 있는 할머니를 보며 가슴이 아려오는 것을 느끼며 지하철을 타러 갔다.

4. 취업을 못 해 힘들어하는 친구에게 "너보다 더 힘든

사람도 많아"라는 말로 위로해주었다.

1번과 2번에서 이재민들은 A와 B가 공감했다고 느꼈을까?
3번에서 할머니는 C가 공감했다고 느꼈을까?
4번에서 이런 말을 들은 친구는 과연 상대가 공감하고 있다고 느꼈을까?

안타깝지만 이 중에 진정으로 공감한 사람은 아무도 없다. 1번은 '공감 흉내 내기'의 행동이고, 2,3,4번 상대방이 아닌 '나'의 입장에서만 느끼고 말한 것이기에 공감이 아니다.

진정한 공감이 되기 위해서는 공감을 받는 입장인 이재민이, 할머니가, 친구가 '공감' 받았다고 느끼려면 인지와 감정, 행동의 3가지 공감의 요소를 충족시켜야 한다. 하지만 여기에는 공감을 받는 사람의 입장은 고려하지 않고 공감을 해주는 사람의 입장만 드러나고 있다. 따라서 어디에서도 진정한 공감은 찾을 수 없다고 봐야 한다.

03 동화 같은 공감을 위한 4가지 단계

자기 심리학의 창시자인 하이즈 코헛은 다양한 심리적 불안증세는 공감으로 치료가 가능하다고 주장한다. 무조건적인 공감은 심리적 안정을 찾게 해준다고 한다.

도저히 헤어나올 수 없을 것만 같던 낮은 자존감의 동백이 역시 용식이의 무조건적인 공감이란 선물을 받아서 기적 같은 치유를 받아 새로운 삶을 살 수 있었다. 공감은 동백이에게 어느 날 갑자기 완전한 행복을 이뤄주는 동화처럼 기적 같은 삶을 펼쳐주었다.

우리가 용식이 같은 공감을 할 수 있다면, 이 세상은 기적을 경험하는 동백이 같은 사람으로 가득 찰지도 모른다. 이런 동화 같은 공감을 위해서 우리는 단계별로 공감을 이루는 과정을 배울 필요가 있다.

마음먹기(Minding)

우리는 감정의 동물이다. 감정은 말이나 행동보다 우선한다. 일상의 특별한 일이 있을 때 우리는 많은 부분 직접적인 말이나 행동보다 감정에 먼저 휩싸이고 감정은 의도와는 상관없이 많은 비언어적인 요소로 표현된다. 공감은 이런 상대의 감정을 알아채야 가능하다.

상대의 감정을 알아차리기 위해서는 공감 능력을 키워야한다. 1장에서도 설명했듯이 우리의 뇌는 다행히 의도적으로 발달시키고자 하는 행동이나 생각에 대해 더욱 발달시켜주는 '뇌 가소성'을 갖고 있다. 따라서 우리가 노력만 하면 얼마든지 공감 능력을 발달시킬 수 있다.

"우리는 누구나 공감하는 능력을 타고 태어났지만 그 능력은 사용하지 않으면 퇴화된다."

- 아들러

'마음먹기'는 공감 신경 체계를 활성화하는 것이다. 우리의 뇌는 사용하지 않는 부위는 퇴화시키려고 한다. '마음먹기'는 행동을 모방함으로써 상대방의 감정을 느낄 수 있게 하는 거울 신경 체계의 특성을 일상에서 의식적으로 작동시키는 것이다. 우리의 감정은 숨기려고 해도 어떻게든 일상의 모습과 다르게 비언어 요소로 표현된다. 따라서 얼마든지 집중만 하면 이런 감정을 알아채는 능력을 갖출 수 있다. 보이지 않는 타인의 숨은 감정을 알아채는 일, 우리는 이것을 '센스sense'라고 한다. 일반적으로 센스가 뛰어난 사람들은 다음과 같은 표현과 행동을 자주 한다.

1. 걱정을 애써 숨기는 친구에게 걱정스러운 표정으로 다가가 친구의 기분을 더 자세히 살피는 것
2. 유난히 기분 좋은 표정으로 출근한 김 대리를 보고 밝게 웃으며 먼저 안부를 묻는 것
3. 저녁 식사 때 나지막이 한숨을 쉰 아버지의 표정을 유심히 더 살피는 것

'마음먹기'는 바로 이처럼 센스 있는 행동을 하겠다고 관

심을 갖는 것을 의미한다. 주위의 사람들에게 더 적극적으로 관심을 가지고 그들의 표정, 시선, 어깨와 등의 각도, 턱의 위치 등이 표현하는 감정에 주의를 기울이는 것이 '마음먹기'의 출발이다. 그러려면 열린 마음을 가져야 한다.

상대의 감정을 알아차리려면 먼저 내가 어떠한 경우에도 '나의 판단'에 속지 않아야 한다. 그러려면 무엇보다 열린 마음이 필요하다. 열린 마음으로 상대를 관심 있게 관찰해서 감정을 알아내는 것, 이것이 공감의 첫째 단계인 '마음먹기'다.

사람들의 감정은 저마다 다르다. 때때로 나의 가치관과 상충할 수 있다. 작은 일에 울컥 화를 내는 상대에게 쉽게 공감하는 것은 쉬운 일이 아니다. 나의 가치관이 세상의 법칙이 아니라는 것을 인정하고, 나의 가치관은 일단 내려놓고 상대의 화 이면의 감정을 헤아리려는 열린 마음이 필요할 때 가능한 일이다.

이러한 '마음먹기'로 상대의 감정을 알아챘다면 공감의 절반은 완성한 것과 다름없다.

이해하기(Understanding)

'마음먹기'로 상대의 감정을 알아차렸다면, 이제 그 감정이 일어난 상황을 이해하는 단계다. 이 단계에서 가장 필요한 것이 적절한 질문하기다. 질문을 잘 하려면 몇 가지 지켜야 할 사항이 있다.

첫째, 추측하지 말아야 한다. 공감의 주체는 어디까지나 상대방이라는 것을 잊지 말고, 내 기준으로 상대에 대해 추측하는 일은 삼가야 한다. 머리가 아파 자신도 모르게 짜증이 섞여 있는 동생에게 "무슨 일 있어?"라고 묻는 언니와 "남편이랑 또 싸웠구나!"라고 묻는 언니, 둘 중에 누가 더 동생의 열린 마음을 끌어내겠는지를 생각해 보면 왜 추측을 하지 말아야 하는지 쉽게 이해할 수 있을 것이다.

둘째, 상황을 고려해야 한다. 좋은 일도 때로는 사람에게 알리고 싶지 않을 수 있다. 그런 사람에게 좋은 일이라고 공감한다며 "좋은 일이 있나 봐? 기분이 왜 이렇게 좋아?"라고 한다면 상대방은 자신이 지나치게 감정을 드러낸 것을 민망해하고 불편해할 수도 있다. 이런 실수를 피하기 위해 적절한 상황을 고려해야 한다. 필요에 따라서는 "우리 맛좋은 커피 한잔할까?"라며 장소를 옮겨서 둘이 있는 자리를 먼저 만들고 해주는 것도 좋은 방법 중에 하나가 될 수 있다.

셋째, 상대방의 '감정의 크기'도 고려해야 한다. 우리는 감정이 격앙되어 있을 때는 누군가의 질문에 제대로 답할 여력이 없다. 기쁜 감정이나, 슬픔이나 화, 분노, 짜증 등의 감정이 올라왔을 때는 먼저 그 감정을 내리는 것이 우선이다. 공감을 위한 질문이라면 먼저 상대의 이런 상황을 잘 고려해야 한다. 그런 다음 적절한 장소와 상황을 준비하거나 확인한 뒤 상황에 대해 질문을 할 수 있어야 한다.

'이해하기'는 다른 말로 '배려'다. 나의 궁금증을 해소하기 위한 호기심이 아니라 상대방의 감정을 이해하기 위한 '배려'가 이해하기의 핵심이다.

S는 개인적인 일로 상당히 힘든 시기가 있었다. 자존심이

무척 강했던 S는 힘든 내색을 하지 않았다. 주위 사람들에게 S는 늘 명랑한 이미지였다. '걱정 없이 살아 좋겠다'라는 말을 수시로 듣기도 했다. 어느 날, S는 오랜만에 오랜 친구를 만나 저녁을 먹으며 이런저런 얘기를 나누었는데, 친구가 대뜸 물어왔다.

"요즘 일은 어때?"

"아직도 글 쓰지?"

"휴일에 뭐하니?"

S는 그저 잘 지내고 있다고 대답했다. 그러자 S의 말을 들은 친구가 이렇게 물었다.

"넌 자꾸 괜찮다고 하는데 난 왜 자꾸 네가 아프다고 한 것 같지?"

S는 당황했지만 먼저 알아채 주고 또 조심스럽게 질문해 준 친구가 정말 고마웠다. 그날 저녁, S는 친구와 많은 얘기를 나누며 깊은 위로를 받았다.

친구는 1단계에서 말한 적극적인 관심으로 S의 행동에서 불안을 감지하고 그 감정을 섣불리 판단하지 않고 조심스럽게 S의 상황을 이해하기 위해 적절한 질문을 했었다. 그

랬기에 S는 마음의 진심을 털어놓을 수 있었다. 친구가 진심으로 자신을 공감하고 있다는 것을 느꼈기 때문이다.

느끼기(Feeling)

첫째와 둘째 단계에서 알아차린 상대의 감정과 상황을 통해 '나라면(If is me)?' 생각해보며 느끼는 단계다.

'나라면(If is me)?'

이런 의식적인 생각을 통해 '마음먹기' 단계에서 알아차린 감정보다 더 깊이 상대방의 감정에 가까운 감정을 경험하게 된다. 앞 단계에서 열린 마음과 배려로 제대로 '마음먹기'와 '이해하기'를 거쳤다면 저절로 느끼는 단계이기도 하다.

행동하기(Action)

'행동하기'는 공감의 꽃이다. 행동하기가 없는 공감은 공감하지 않은 것과 다름없다.

S를 위로해준 친구는 그 뒤로 자주 연락을 해 왔다. 아이를 데리고 먼 길을 운전해서 오기도 쉽지 않을 텐데 이런저런 곳에 데리고 다니며 위로와 격려를 해주었다. 혹여나 S의 자존심이 상할까 봐 육아와 살림 때문에 지친다며 바람좀 쐬러 가자는 핑계를 대기도 했다. 그 친구의 이런 행동은 공감의 마지막인 '행동하기' 단계를 잘 표현해주는 사례다.

'행동하기'를 올바로 실천하기 위해서는 '아이유(I.U)' 전략이 필요하다.

I - '나라면….' 하고 느낀 감정을 가지고
U- 상대방에게 필요한 것이 무엇일까 생각하는 것이다.
(you의 발음 그대로 표현한 알파벳 U)

회사에서 승진하지 못해 힘들어하는 친구에게 열린 마음과 배려로 감정을 알아차리고 상황을 이해하여 자기 일처럼 아픈 마음을 가지게 되었다고 생각해보자.

그런 친구에게 기분 전환하러 여행을 가자고 이야기했을

때, 만약 그 친구의 상황이 경제적, 시간적으로 여행은 생각하지도 못하는 상황이라면 어떻게 되겠는가?

자신이 여행을 하면 기분전환이 된다고 해서 상대도 그러면 되겠다는 생각은 자칫 상대에게 '너는 네 입장만 생각하는구나'라는 오해를 불러일으켜 관계의 어려움을 불러올 수 있다.

많은 이들이 공감이 필요한 때 "어떻게 해야 할지 모르겠다"라는 말을 많이 한다. 이때 조금 더 쉽게 공감할 수 있는 방법 세 가지를 소개해 본다.

(1) 상대의 감정 읽어주기

> "얼마나 슬플지 나는 상상도 안 돼. 많이 힘들겠다."
> "정말 기쁘겠다. 너 진짜 노력했잖아"

공감을 받고 싶을 때, 우리는 그 순간 자신이 주인공이길 원한다. 자신의 감정을 더 어루만져 주고 자신의 상황을 더 이해해주길 원한다. 내 입장이 아닌 상대의 입장에서 온전히 읽어줘야 한다.

"나도 그런 적이 있어."

"그런 기분을 나도 잘 알아"

이런 말들은 그냥 내 감정일 뿐이다. 상대의 마음을 얻을 수가 없다. 공감할 때는 항상 상대를 주체로 세워야 한다. 주인공의 자리를 뺏지 말아야 한다.

(2) 비언어로 표현하기

> 시선 마주치고 상대와 같은 슬프거나 기쁜 표정 짓기, 손을 이용하여 토닥거리거나 박수 쳐주기, 포옹해주기 등등.

비언어는 상대방과의 친밀함, 감정의 크기, 변화 등을 고려해야 어색하지 않다. 친분만 있는 사람이 나보다 더 기뻐하는 목소리와 표정으로 포옹한다면 어떻겠는가? 비언어적 표현은 행동을 취하기 전에 먼저 반드시 상대와의 친밀도를 고려해야 한다.

(3) 필요한 것 제공하기

슬퍼하는 친구의 안부 자주 묻기, 좋은 일이 있는 동료
에게 개인적으로 다가가 진짜 축하한다고 한 번 더 말
해주기, 필요한 것 질문하기, 구호 성금 내기 등등.

물질적인 것만을 얘기하는 것이 아니다. 나의 진심을 표
현하는 것이면 충분하다. 자신의 상황과 형편에 맞는 표현
을 하면 된다. 바빠서 잠도 못 자는데, 슬픈 친구에게 매일
전화를 할 수는 없다.

※ 공감 4단계 M.U.F.A]

1) **마음먹기**(Minding) : 알아채고 열린 마음 먹기

2) **이해하기**(Understanding) : 배려로 상황 질문하기

3) **느끼기**(Feeling) : 나의 처지에서 생각해 보기

4) **행동하기**(Action) : 아이유(I.U) 전략으로 행동에
옮기기

04 절반의 삶이 아닌
온전한 삶을 사는 방법

절반만 사랑하는 사람을 사랑하지 말라.

절반만 친구인 사람과 벗하지 말라.

....

절반의 삶은 그대가 살지 않은 삶이고

그대가 하지 않은 말이고

그대가 뒤로 미룬 미소이며

그대가 느끼지 않은 사랑이고

그대가 알지 못한 우정이다.

절반의 삶은 가장 가까운 사람들에게

그대를 이방인으로 만들고

가장 가까운 사람들을 그대에게

이방인으로 만든다.

　　-칼릴 지브란의 '절반의 생'에서

아들러는 우리의 삶은 일, 우정, 사랑 이러한 3가지 관계로 이루어진다며 이 세 가지 관계를 넘어서는 일은 삶에 없다고 했다.

우리의 삶은 타인과의 관계의 연속이며 거기서 느끼는 다양한 감정으로 이루어진 장면들이 삶의 부분을 이룬다. 타인에 대해 절반의 감정만 나누는 사람은 절반의 삶을 사는 사람이다. 온전한 삶을 살려면 타인의 삶에 관심을 기울이고 자기 일처럼 생각하고 느끼고 행동할 줄 알아야 한다.

"만일 행복이 눈앞에 있다면, 그리고 큰 노력 없이 찾을 수 있다면, 그것이 모든 사람에게 등한시되는 일이 도대체 어떻게 있을 수 있을까?[14] 그러나 모든 고귀한 것은 어려울 뿐만 아니라 드물다."

- 스피노자

---

14) 스피노자 에티카 5부 정리 42 "무지한 자는 외부의 원인들에 의하여 여러 가지 방식으로 교란되어 결코 정신의 참다운 만족을 향유하지 못할 뿐만 아니라, 마치 자신과 신과 사물을 의식하지 못하는 것처럼 생활하고, 작용받는 것을 멈추자마자 동시에 존재하는 것도 멈추기 때문이다."의 구절을 철학자 강신주의 책 '철학이 필요한 시간'(사계절,2014)에 해석된 구절로 대신해 인용했다.

우리의 삶에 기쁨을 주는 진심 어린 공감은 자동완성이 아니라 노력하고 행동해야 완성할 수 있다. 스피노자는 코나투스가 추구해야 하는 기쁨의 관계를 '고귀한 것'이라고 말한다. 이 고귀함은 드물게 찾아오겠지만 우리의 삶을 온전한 삶으로 사는 것을 가능하게 한다.

이 고귀한 온전한 삶이 왜 중요한지 칼릴 지브란의 '절반의 생'의 마지막 구절로 대신한다.

절반의 삶은 아무것도 할 수 없는 순간이지만
그대는 할 수 있다.
그대가 절반의 존재가 아니므로.
그대는 절반의 삶이 아닌
온전한 삶을 살기 위해 존재하는
온전한 사람이므로.

Chapter 6

갈등 없이 소통하기

관계 속에 살아가는 인간에게 나와 다른 사람과의 사이에서 발생하는 갈등은 필연적이다. 갈등을 무조건 피하기보다 갈등을 정확하게 정의하고 갈등을 관리하기 이전에 현명한 소통을 통해 갈등을 예방하고 오히려 더욱 깊은 관계를 만드는 갈등 없이 소통하는 방법을 소개한다.

01 갈등을 아이들처럼
쉽게 풀 수 있다면?

"엄마, 건우 나빠! 나 건우랑 안 놀아!"

단짝 친구 건우랑 잘 놀던 7살 아들 서준이가 볼멘 표정으로 K에게 달려왔다. 아이의 뜬금없는 말은 곁에 앉은 건우 엄마의 눈치를 보게 만들었다.

"왜? 무슨 일 있었어? 너 건우 좋아하잖아!"

하지만 아이는 단호했다.

"아니야! 나 건우 싫어! 건우는 자기가 하고 싶은 것만 하려고 해!"

서준이는 건우와 숨바꼭질을 하고 싶어했고, 건우는 서준이와 술래잡기를 하고 싶어했다. 서로 자기가 하고 싶은 것을 주장하다 그 날의 놀이는 파장을 맞은 것이다. K와 건우 엄마는 둘을 불러서 합의를 종용했다.

"애들아 이렇게 싸우면 함께 놀지 못해! 둘이 함께 놀고 싶잖아. 그렇지? 그러니까 서로 하고 싶은 놀이를 10분씩 번갈아 가며 하는 건 어떨까?"

나름대로 해결책을 제시했는데, 두 아이는 모두 완강했다.

"둘이 하고 싶은 놀이를 섞어서 새로운 규칙의 놀이를 만들어보자!"

두 아이는 어떤 해결책도 받아들이지 않았다. 오늘은 더이상의 소통은 불가능해 보였다. 의견 차이보다 서로에게 상한 감정의 골이 깊었나 보다. 그녀는 양보도 타협도 전혀 통하지 않는 팽팽한 두 아이를 보며 왼쪽으로 감아 자라는 칡과 오른쪽으로 감아 자라는 등나무가 서로 얽히고설켜 떼어낼 수 없는 모습을 떠올렸다.

갈등, 아이들만이 아니라 어른들의 일상에서도 흔히 보는 모습이다. 상대의 이야기를 듣지 않고 자신의 주장만을 내세우며 대립하는 상태인 갈등이 깊어지면 관계의 단절로 이어질 수밖에 없다.

그나마 아이들은 뒤끝이 없다. 오늘만 지나고, 서로에게 상한 감정이 가라앉으면 내일은 또 아무 일 없었다는 듯이 새로운 관계를 이어갈 것이다. 아이들은 그렇게 자란다. 우리들도 어렸을 때는 다 그렇게 자라왔다.

하지만 나이를 먹으면서 갈등은 더욱 풀기 어려운 문제가 된다. 얽히고설킨 등나무와 칡덩굴 중에 어느 한 곳을 잘라야 끝이 나는 경우가 생긴다.

현재 대한민국은 갈등 사회, 갈등 공화국이라는 말처럼 갈등에 취약한 구조다. 사회갈등지수는 OECD 국가 중에 3위를 차지하고, 사회통합지수는 최하위 가까운 29위를 차지하고 있다. 세금 문제만 해도 그렇다. 삼성경제연구소가 발표한 사회갈등의 현주소라는 보고서에 따르면 한국은 사회갈등으로 치르는 경제 비용이 연간 최대 246조 원에 이른다.

만약 이 돈을 나라의 발전이나 국민의 복지를 위해 사용할 수 있다면 얼마나 좋을까? 이런 문제를 해결하기 위해 우리는 갈등에 취약한 원인을 살펴볼 필요가 있다.

　2018년 사회통합 실태조사에 따르면 사회갈등 원인에 대해 우리나라 국민은 사회 구조적인 측면보다 개인의 인식 문제를 주된 원인으로 본다는 것이 밝혀졌다. 개인의 인식 문제에는 개인, 집단 간 상호이해 부족, 각자의 이익추구, 개인, 집단 간 가치관의 차이 등이 있다.

　가정에서는 맞벌이하는 딸을 위해 손주를 돌봐주는 친정 엄마와 아이에 대한 양육 방식의 차이로 갈등하고, 신랑과 가사분담 문제로 언성을 높이며, 며느리의 역할에 대한 기대 차이로 시어머니와 갈등의 불씨를 안고 산다.

　직장에서는 회식을 직장생활의 연장이라는 선배와 퇴근 시간 이후의 회식은 갑질이라는 후배의 주장이 팽팽하게 맞서고, 업무분장에서는 좋은 일은 내 일이고, 좋지 않은 일은 상대의 일이라며 날선 갈등을 겪고 있다. 어디 그뿐인가? 인사평가를 앞두고는 더욱 첨예한 갈등상황이 연출된다.

서준이와 건우처럼 다음 날 아무런 일도 없었던 듯이 쉽게 갈등을 풀어나갈 수 있다면 얼마나 좋을까? 하지만 이미 동심을 잃어버린, 수지 타산에 익숙한 어른들에게는 그렇게 쉽게 갈등을 풀기란 정말 어려운 일이다.

그렇다면 이런 갈등을 어떻게 풀어갈 것인가? 우리의 노력은 이 고민에서부터 출발을 해야 한다고 본다.

02 인식의 차이가
모두 갈등은 아니다!

"진실은 존재하지 않는다. 왜냐하면 모든 진실은 단지 주
관적이기 때문이다."

니체의 말처럼 갈등도 살펴보면 그 현상이 문제가 아니
라 그것을 해석하는 우리 각자의 방식, 즉 인식이 문제인
경우가 많다. 즉 어떤 일을 동일하게 경험한 사람도 각자의
인식의 틀, 프레임 안에서 이를 해석하고 판단하기 때문에
갈등의 씨앗을 품고 있다.

서준이가 아이들 사이에 유행하는 게임 캐릭터로 된 작
은 열쇠고리를 유치원에 가져갔다. 친구들에게 자랑하고

싶어 가져갔던 열쇠고리는 다시 집으로 돌아오지 않았다. K가 서준이에게 열쇠고리의 행방을 묻자 친구 승우와 열쇠고리를 교환했다고 했다.

"그럼 교환한 열쇠고리는 어디 있어?"

승우가 다시 돌려달라고 해서 돌려줬다고 했다. 이야기인즉슨 K의 아들 서준이와 승우가 각자 가지고 온 열쇠고리를 서로 교환했고 바꾼 열쇠고리를 가지고 놀다가 승우가 열쇠고리를 잃어버렸다. 그리고 서준이에게 자기는 잃어버렸으니 원래 자기 것을 돌려달라고 요청했고, 서준이는 자신의 것은 다시 돌려받지 못하는데도 불구하고 승우가 달라고 해서 돌려준 것이다. 옆에서 이야기를 듣고 있던 K의 신랑이 대화에 끼어들었다.

211

"한번 바꿨으면 바꾼 것이 내 것이지 사내 녀석이 내 것이라고 주장하지 못하고 달란다고 주면 어떻게 하냐?"

아빠 입장에서 자기 것을 지키지 못한 아들을 이해할 수 없었던 것이다. 하지만 K의 생각은 조금 달랐다. 물물교환이라는 관점으로 볼 때 신랑의 말이 맞을 수는 있으나, 그녀는 그 이야기 안에서 자신의 아들 서준이가 친구의 속상함을 알고 자신의 것을 아낌없이 준 베풂의 행동을 본 것이다.

서준이의 행동을 놓고 K 부부는 서로 다른 인식을 했다. 즉 인식의 차이를 보인 것이다. 인식의 차이는 각자가 가지고 있는 인식의 틀, 프레임이 달랐기 때문에 생긴다. 그 프레임을 형성하는 것은 각자의 경험과 신념이다. 이번 일은 성장기의 경험과 가치관, 성향 등도 영향을 미쳤지만, 서준이에 대한 각자의 이슈가 더 크게 영향을 미쳤다.

K 부부는 서준이에게 다시 열쇠고리를 받아간 승우가 반에서 가장 덩치가 크고 간혹 다른 친구들을 밀치거나 때려서 선생님께 혼이 났다는 이야기를 서준이를 통해 자주 들었다.

K의 신랑은 서준이가 A의 부당한 요구에 한 번 거부해보지도 않고 빼앗긴 것으로 판단하고, 남자아이가 나약해서는 안 된다는 자신의 신념으로 서준이의 행동을 부정적으로 인식했다.

하지만 K는 외동인 서준이가 친구들과 놀 때 지나치게 자신의 것을 고집하고, 나누지 않고 혼자 가지고 놀거나 소유하려는 모습이 늘 마음에 걸렸었다. 아이의 성장 과정과

기질에 의한 행동이지 문제 행동은 아닐 것이라 믿으면서
도 여느 부모처럼 걱정스러운 눈으로 아이를 지켜보고 있
는 중이었다. 그래서 서준이가 승우에게 열쇠고리를 준 것
을 나눔이라고 믿고 싶은 마음이 앞서서 서준이의 행동을
긍정적으로 인식한 것이다.

인식의 차이는 이처럼 각자의 프레임으로 세상을 해석하
는 인간에게는 필연적인 것으로 타인과의 관계에서 당연히
발생하는 것이다. 이 프레임의 차이를 인정하지 못하면 갈
등이 깊어지는 것이고, 이것을 인정하면 갈등에서 벗어날
수 있는 것이다.

그날 K 부부는 갈등하지 않았다. 서로의 인식의 차이를
확인한 순간 각자의 인식의 프레임을 이해하기 위해 그들
은 대화를 시도했다. 그 결과 K는 신랑의 프레임을 이해
할 수 있었고, 신랑 역시 그녀의 프레임을 이해하면서 아들
의 행동을 긍정적으로 볼 수 있음을 인정했다. 그래서 서준
이의 행동에 대해 옳고 그름을 따지기보다 서준이에게 그
렇게 행동한 이유를 물어보고, 아빠와 엄마로서 서준이에

게 바라는 점을 차분히 설명해 줄 수 있었다. 그때 K 부부가 각자의 인식의 틀, 프레임을 이해하지 못하고, 서로 자기 식대로 내 주장만 했다면, 그 모습을 지켜보는 서준이의 마음은 어땠을까?

인식의 차이는 그 자체로 갈등이 아니다! 갈등은 차이가 충돌하고 대립할 때 발생한다. 다른 말로 하면 차이는 갈등의 재료는 될 수 있지만, 그 자체만으로 갈등이 되는 것은 아니다. 문제는 차이라는 재료에 갈등이라는 불을 붙도록 점화의 작용을 하는 것이 있다. 차이에서 오는 불편한 감정을 그대로 쏟아내는 대립과 충돌의 대화 패턴이 바로 그것이다.

따라서 갈등에서 벗어나려면 차이를 점화해서 불을 붙게 하는 대립과 충돌의 대화 패턴을 바꿀 수 있어야 한다. 즉 갈등관리 이전에 갈등을 만들지 않는 소통 방법을 찾아나가야 한다.

이를 위해 우리는 차이에 대한 자신의 인식부터 점검해야 한다. 차이는 필연적으로 우리를 불편하고 민감하게 반응하게 한다.

03 갈등의 재료 차이에 대한
인식의 변화를 꾀하라

"사람들은 특정한 대상을 평가할 때 다른 사람과 동일한 방향성을 추구하고자 하며, 평가의 방향성이 다를 경우 심리적으로 긴장감을 느껴서 이를 해소하려고 노력한다."

하이더는 『균형이론』에서 말했다. 즉 균형을 이루고자 하는 인간의 기본 속성은 관계를 기반으로 살아가는 우리에게 차이보다 같음을 경험할 때 심리적인 안도감을 느끼게 한다는 것이다. 낯선 나라를 여행하다가 한국 사람을 만나면 긴장이 완화되고 편안해지는 기분을 느끼는 것도 이와 같은 이론을 뒷받침한다.

반대로 차이는 우리에게 심리적인 긴장감 불안과 동요라

는 다소 부정적인 정서를 경험하게 한다. 따라서 우리는 차이를 인식하는 순간 자동적으로 차이를 줄이고 싶어하는 욕구를 앞세운다. 그 욕구가 때로는 자신의 의견을 강하게 주장하거나 상대의 의견을 공격하는 등의 다소 부정적인 행동을 야기하기도 한다.

차이를 통해 느껴지는 불편한 정서는 심리적으로 가까운 관계일수록 더욱 크게 느껴진다. 심리적인 유대가 있는 대상일수록 그와 동일시 하려는 경향이 있는데, 이때 경험하는 차이는 같음에 대한 욕구의 크기와 비례해서 부정적인 정서를 더 크게 동반하는 것이다. 그래서 우리는 가까운 부모님이나 배우자, 친한 친구와 더 자주 갈등하게 되고, 이러한 갈등을 해결하기가 더 어렵게 다가오는 것이다.

우리는 가까운 사람들과의 갈등에 더 아파한다. 하지만 역설적이게도 그렇게 더 아픈 갈등을 주는 근본 원인은 그만큼 그들을 더 많이 사랑하기 때문이라는 것을 이해하면 조금은 위로가 되고, 이것을 좀더 들여다 보면 갈등해결의 실마리도 찾을 수 있게 된다.

상대의 긍정적 의도에 집중하라

차이의 부정적인 정서를 극복하려면 이성적인 인식의 힘으로 본능적인 반응을 상쇄시킬 수 있어야 한다. 앞에서 설명한 인식의 틀, 프레임에 대한 관점으로 볼 때 차이를 나와 다른 존재에게 나타나는 당연한 현상으로 받아들이고 같아야 한다는 욕구를 내려놓고 상대를 그대로 인정해 줘야 한다.

인간이란 거대한 우주와도 같다. 한 인간이 성장하면서 얼마나 다양한 경험을 하고, 많은 사람과 여러 가지 현상에 영향을 받아 자신만의 가치관과 신념, 성격이 형성되는지 경우의 수를 살펴보면 한도 없다. 따라서 한 부모 밑에 나고 자란 형제가 전혀 다른 인격체로 성장하는 것도 당연한 일이다.

이런 점을 이해한다면 아무리 가까운 핏줄이라도 나와 같기를 바란다는 것 자체가 모순임을 알 수 있다. 물론 인간은 모순적인 존재라 차이를 인정한다는 것, 다름을 틀림이 아닌 다름으로 받아드린다는 것은 결코 쉽지 않다. 차이를 대할 때 우리가 더욱 의식적이고 이성적인 노력을 기울여야 한다.

K와 그녀의 신랑은 매우 다른 사람이다. 성격도 가치관도 하물며 유머코드까지 다르다. 6년의 연애와 8년의 결혼생활 속에서 그들은 서로의 다름을 받아들이기까지 참 오랜 시간과 노력을 기울였다.

그들의 연애는 항시 전시상황이었다. 차이는 늘 갈등으로 이어졌고, 갈등은 크게 증폭되어 주변 사람들에게까지 영향을 미칠 정도였다. 지금도 사실 모든 순간을 갈등으로 이어지지 않게 잘 관리하고 있다고 단언하긴 어렵다.

하지만 분명한 것은 이제 K 부부는 서로의 긍정적 의도에 집중한다는 것이다. 예를 들어 그녀는 신랑이 운전할 때 쉽게 흥분하고, 아이가 타고 있는 상황에서 무심결에 내뱉는 거친 표현을 들을 때면 부정적인 감정과 불편한 심리상태가 된다. 그때마다 그녀는 신랑의 행동에 대해 평가하고 비난하며 화를 내기보다는 그 순간에도 신랑의 긍정적 의도에 집중하기 위해 노력한다.

K의 신랑은 가족이 탄 차가 안전하기를 원할 것이고 안전을 지키고 싶은 욕구가 강해 그 욕구가 방해를 받는 위기의 순간 더 과하게 반응한 것일 수 있다.

이렇게 K는 신랑의 긍정적인 의도에 집중하고 나면 그의 행동은 이해할 수 없지만, 그의 욕구는 분명 가족을 사랑하기 때문이라는 것을 이해할 수 있어서 부정적인 반응보다 긍정적인 반응이 먼저 나오게 된다. 신랑의 욕구는 대개 그녀의 욕구와 같은 경우가 많다는 것을 알게 되고, 그것을 통해 그들을 이어주는 사랑을 더욱 끈끈하게 이어갈 수 있었다.

갈등 없이 소통하기 위해서는 무엇보다 먼저 상대의 긍정적인 의도를 믿고, 상대의 프레임을 이해하려는 노력을 기울여야 한다. 그러면 상대와 나 사이에 놓여 있는 차이로 인한 불편한 감정이 아닌 서로가 가진 공통적인 긍정적인 욕구를 발견하게 되고 이를 통해 갈등이 아닌 오히려 관계를 더욱 돈독하게 이어갈 수 있는 기회를 갖게 된다.

차이가 주는 혜택에 집중하라

갈등 없이 소통하는 또 다른 방법 중 하나는 차이가 주는 혜택에 집중하는 것이다. 차이는 나와 다른 견해에 불과하다. 이는 내가 보지 못한 부분, 내가 생각하지 못한 부분에 대한 새로운 관점이다. 따라서 이를 인정하면 내가 미처 보지 못한 다양성을 확보할 수 있다. 세상에는 분명히 내가 생각하는 것이 최선이 아닐 때가 있다. 따라서 다양한 관점으로 문제를 들여다봐야 더 나은 해결책을 발견할 수 있다.

서로의 차이를 제로섬 게임처럼 이기고 지는 승패의 관점이 아닌 다양한 해결책의 방법론으로 볼 때 우리는 더 많은 것을 얻을 수 있다. 차이를 이해하는 순간 더 깊은 대화를 나눌 수 있고, 그것은 일상적인 대화를 나눴을 때보다 훨씬 더 심리적 유대관계에 긍정적인 영향을 미치기 때문이다.

조직 내 갈등도 마찬가지다. 19세기 후반부터 1940년대 중반까지 전통적 관점으로 갈등은 나쁜 것이고, 조직에 부정적 영향을 주므로 제거해야 할 것으로 보았다. 하지만 1940년대 후반부터 1970년대 중반까지 행동주의적 관점으로 갈등은 조직 내에서 자연적으로 일어나는 불가피한 현상으로 보았고, 조직에서 이를 완전히 제거할 수 없으니 수용해야 할 것으로 받아들였다. 그리고 1970년대 중반부터 현재까지 상호작용적 관점으로 갈등은 새로운 아이디어를 촉진하고 집단내의 응집성을 향상시키는 긍정적인 것으로 받아들이고 있다.

따라서 갈등의 재료인 차이에 대한 올바른 인식만으로도 우리는 갈등과 갈등하지 않고 사전에 갈등을 예방할 힘을 가질 수 있다는 것을 알아야 한다.

다시 한번 강조하지만 차이는 갈등의 재료가 될 수는 있지만 그 자체가 갈등이 될 수는 없다. 우리가 차이가 주는 혜택의 집중하면 더 좋은 관계를 이어갈 수 있다. 우리가 어떠한 경우에도 차이가 주는 혜택에 집중해야 하는 이유는 이것만으로 충분하다.

03 갈등을 만들지 않는 승화의
대화패턴을 익혀라

K의 신랑은 야구를 좋아한다. 야구 시즌이면 그녀는 좀 괴로웠다. 왜 하필 야구는 저녁 시간에 하는 건지, 식탁에 앉은 신랑은 밥을 먹으면서 늘 핸드폰으로 야구 중계를 시청했다. 저녁 식탁에서 신랑의 모든 감각은 야구 경기에 집중되고 K와 그녀의 아들 서준이만 덩그러니 앉아 밥을 먹는 듯한 상황이 자주 되풀이되었다. 혼자 야구 경기에 심취해 환호를 지르다 또 금방 거친 표현이 입에서 툭 튀어나오는 신랑을 보고 있자면 K는 안에 뜨거운 무엇인가가 올라오곤 했다. 그런 날이면 어김없이 그날의 저녁 식탁은 갈등의 불이 활활 타오르는 전쟁터가 되었다.

그 당시 K 부부는 전형적인 점화의 대화패턴을 사용하고 있었다. K는 그녀의 신랑을 쏘아붙이며 날카롭고 다소 격양된 목소리로 외쳤다.

"그러고도 당신이 아빠야? 서준이한테 밥 먹을 땐 다른 행동하지 말고 밥만 먹으라고 가르치는데 당신은 참 좋은 모습 보인다."

K의 말이 채 끝나기도 전에 신랑은 검게 그을린 얼굴을 붉으락푸르락하며 버럭 소리를 지르곤 했다.

"그럼 나는 돈 벌어 오는 기계야? 내가 집에 와서 내 시간이 어딨어? 야구장에 가는 것도 아니고 집에서 야구도 마음대로 못 보냐?"

그러면 더욱 화가 난 K는 점화패턴의 대화를 쏟아냈다.

"내 말은 그게 아니잖아. 논지 흩트리지 말고 똑바로 말해! 자기 행동에 대한 반성도 없이 이게 뭐야?"

그러면 머리끝까지 화가 난 그는 숟가락을 놓고 서재 방에 들어가 방문을 보란 듯이 쾅 닫았다. 그렇게 K 부부는 며칠 동안 냉전을 치르는 일이 반복되곤 했다.

그때 K는 그것이 전적으로 신랑의 잘못이라 믿었다. 아이에게 가르치는 것과 본인의 행동이 일치하지 않는 신랑의 행동이 잘못된 것이라는 것이 K의 확고한 판단이었다. 거기에다 가족이 함께 식사하는 시간을 소중히 하지 않는 신랑의 모습에서 '당신이 틀렸어!'라는 확신까지 갖고 있었다. 그래서 K는 최대한 강하게 비난과 멸시, 공격의 언어로 신랑에게 '당신이 틀리고 내가 맞아!'라는 생각을 주지시키려 했었다. 하지만 안타깝게도 신랑이 순순히 잘못을 시인하며 사과하거나 보던 야구 중계를 끄고 함께 대화를 나누며 밥을 먹는 일은 단 한 번도 일어나지 않았다. 이러한 대화는 신랑의 반성은커녕 오히려 관계의 단절만 만드는 결과로 이어지곤 했다.

그 당시 K는 차이라는 재료에 갈등이라는 불을 붙이는 점화의 대화패턴를 구사하고 있었다. 차이를 이기고 지는 제로섬의 게임으로 인식하고 상대를 제압하고 나만이 옳음을 입증하기 위해 더 강하고 더 날카롭게 상대를 공격하는 대립과 충돌의 대화패턴을 고집하고 있었던 것이다. 지금에서 돌이켜보면 이런 점화의 대화패턴을 습관처럼 사용하면서도 K 부부가 이혼하지 않고 가정을 지켜 낸 것은 기적인지도 모른다.

부부 및 관계 치료 분야의 권위자인 존 가트맨 박사의 흥미로운 연구에 따르면 부부간의 대화를 15분만 들어도 이혼 여부를 95% 예측할 수 있다고 한다. 가트맨 박사의 연구방식은 꽤나 독특하다. 3600쌍의 부부를 39년간 추적 조사했다. 부부간 대화를 동영상으로 녹화해 맥박, 호흡, 표정 변화 등을 0.01초 단위로 쪼개어 분석하는 작업을 6개월마다 반복해서 행복한 가정과 그렇지 않은 가정의 차이를 연구한 것이다. 그는 이 연구를 통해 부부가 싸울 때는 싸움의 내용이 아니라 싸우는 방식 때문에 갈등이 증폭되고 관계가 병든다는 사실을 밝혀냈다.

이는 싸움의 내용인 갈등의 원재료가 문제가 아니라 싸우는 방식에서 쓰는 점화의 대화패턴이 갈등을 증폭시킨다는 것을 확인해준 것이다.

가트맨 박사는 결혼을 위협하고 이혼을 선택하는 부부들

의 대화 4대 요소는 비난, 경멸, 방어, 담쌓기라고 한다. 부부관계의 70%가 첫아이 출산 후 3년 안에 악화된다는 결과도 내놓았다. 시기적으로도 K 부부의 갈등이 증폭되었던 시기와 일치한다. 하마터면 갈등으로 인한 이혼율 증가에 K 부부도 일조할 뻔했다.

K 부부가 가정을 지켜낸 것은 마셜 로젠버그 덕분이다. 그의 저서 『비폭력 대화』를 읽고 K는 충격을 받았다. 그전까지 그녀는 자신의 부부 관계에서 발생하는 잦은 갈등의 원인은 모두 신랑 때문이라고 믿었다. 그런데 로젠버그의 『비폭력 대화』를 만나고 나서 그 원인이 자신에게도 있다는 것을 느껴야 했다. 자신의 과오를 인정해야 하는 상황에서 내적갈등이 일어나기도 했지만 K는 이를 잘 극복해 냈다.

『비폭력 대화』는 미국의 임상심리학 박사인 마셜 로젠버그가 고안해낸 대화 방법이다. 인간의 본성인 연민이 우러나오는 방식으로 다른 사람들과 유대관계를 맺고 자신을 더 깊이 이해하는데 도움이 되는 구체적인 대화 방법을 담고 있다.

여기에서 NVC라고 불리는 비폭력 대화모델은 네 단계로 이뤄진다. 첫째는 우리 삶에 영향을 미치는 구체적 행동을 '관찰'한다. 둘째는 위의 관찰에 대한 '느낌'을 표현한다. 셋째는 그러한 느낌을 일으키는 '욕구', 가치관, 원하는 것을 찾아낸다. 넷째는 우리 삶을 풍요롭게 하기 위해 구체적인 행동을 '부탁'한다. 즉 관찰, 느낌, 욕구, 부탁의 단계로 '비폭력 대화'는 완성되는 것이다.

『비폭력 대화』를 접하고 K는 의도적으로 자신의 욕구에 깨어 있으려고 노력했다. 물론 습관으로 고착되어 일상에서 쉽게 나오는 점화의 대화패턴을 스스로 끊어내기란 결코 쉽지 않았다.

특히 K가 NVC대화모델에서 실천하기 가장 어려웠던 부분은 1단계 관찰이다. 평가와 관찰을 분리하여 관찰한 것만 표현하는 이 단계가 어려운 이유는 갈등의 재료인 차이를 경험하는 순간 이성적인 사고로 관찰과 평가를 구분해 내는 것이 쉽지 않았기 때문이다.

인간의 뇌는 훨씬 더 복잡한 구조로 되어있지만, 크게 3층의 구조로 나누면 다음과 같다. 이성적인 사고의 뇌 대뇌피질과 느끼는 감정의 뇌 변연계, 그리고 생존으로 연결되는 뇌간이 그것이다.

여기에서 어떤 자극에 가장 먼저 반응하는 것은 변연계이다. 인간이 감정을 먼저 느끼는 이유가 여기에 있다. 변연계는 위험이나 스트레스 상황을 인지하면 대뇌피질에 있는 피를 생존의 뇌인 뇌간으로 보내 온몸으로 혈류를 몰아주어 싸울 준비를 시킨다. 엎친 데 덮친 격으로 이성적인 판단을 하는 대뇌피질에는 상대적으로 혈류량이 원활하지 않아 뇌의 작동이 어려워진다. 이성적인 판단을 하기 쉽지 않은 상태가 되는 것이다.

이처럼 이성적인 사고가 힘든 순간에 관찰과 평가를 구분하기란 NVC가 습관이 된 사람이 아니고서는 정말 힘든 일이다. 노력해서 관찰의 표현으로 이야기할 때조차 그러한 표현방법이 몹시 어색할 수밖에 없었다.

하지만 이런 노력을 통해 여러 차례 시도와 실패를 되풀이하면서 비폭력 대화 모델을 그대로 사용하기보다 좀 더 K에게 맞는 방식으로 변형해서 적용하기 시작했다. 이것을 차이라는 재료를 갈등으로 만드는 점화의 대화패턴과는 반대되는 개념으로 관계를 더욱 친밀하게 이끌어주는 승화의 대화패턴으로 부른다.

점화의 대화패턴이 상대의 감정을 자극하고 갈등을 증폭시키는 대화방식이라면, 승화의 대화패턴은 상대의 감정을 인정하고 갈등을 해소해서 관계를 좋게 이어가는 대화방식이다.

여기에서는 갈등 없이 소통하는 방법으로 『비폭력 대화』를 좀 더 활용하기 쉽게 변형해서 적용하는 승화의 대화패턴을 활용하는 방법을 구체적으로 제시해 본다.

느낌을 신호로 인지하라

사람은 변연계의 역할로 감정을 먼저 느낀다. K는 이를 잘 알기에 갈등의 재료인 차이를 경험하는 순간 내 안에 올라오는 뜨거운 느낌에 집중했다. 처음엔 그것이 어떤 감정

인지, 사실은 그것이 감정인지조차도 몰랐다. 다만 묵직하고 뜨거운 느낌이 아래에서부터 올라왔고, 곧 심장이 평소보다 빨리 뛰고 온몸이 경직되며 뻣뻣해짐을 느끼곤 했다.

이제는 그것이 갈등의 재료인 차이에 대한 내면에서 올라오는 부정적 감정이며, 대부분 화, 분노, 서운함, 걱정, 후회와 같은 감정을 느끼는 순간임을 알게 되었다. 그때부터 K는 내 안에 뜨거움이 올라오는 변화를 느끼는 순간을 신호로 인지했다.

'내가 누군가와 싸우려 하는구나. 싸우지 않고 현명한 방법을 찾아야 한다.'

이것은 마치 지킬박사가 하이드로 변화하려는 순간 변신을 예고하는 격통을 느끼고 변하지 않기 위해 약을 복용하며 버티던 그 순간처럼 내면의 부정적 감정들이 K에게 승화의 대화패턴을 위해 노력할 시간임을 알리는 신호였다. K는 그 느낌을 신호로 인지하고 가만히 집중하는 순간 승화의 대화패턴의 기반을 다지고 있음을 느낄 수 있었다.

따라서 느낌을 신호로 인지하라는 것은 변연계가 감정을 자극할 때 그 느낌을 신호로 인지하고 그대로 받아들여야 한다는 것이다. 그래야 감정적인 반응을 보이는 점화의 대화패턴이 아닌 이성적인 반응을 보이는 승화의 대화패턴을 활용할 여유가 생기게 되는 것을 경험할 수 있다.

상대가 아닌 나의 핵심욕구에 집중하라

마셜 로젠버그는 "느낌 뒤에 숨은 욕구를 인식해야 한다"고 했다. 내가 느끼는 감정을 상대방의 행동으로 인한 자동 반응으로 생각하기 쉽다. 그래서 우리는 내가 느끼는 부정적인 감정들을 다 원인을 제공한 상대방의 탓으로 생각하게 된다. 하지만 상대방의 행동은 자극이 될 수는 있지만 나의 감정의 원인이 아니라는 것을 이해하는 것은 그렇게 어렵지 않다. 우리는 같은 상황을 경험할 때 다른 감정을 느끼는 순간들이 종종 있기 때문이다.

예를 들어 친한 친구와 오래간만에 만남을 약속했다고 하자. 그런데 그 친구가 갑자기 약속 날 아침 급한 일이 생겨 약속을 지키기 어려울 것 같다고 연락이 왔다. 이때 보통 서운하거나 실망스럽거나 허탈함 등의 감정을 느끼게 된다. 그 만남에 기대가 클수록 부정적인 감정도 클 수밖에 없다. 하지만 약속 전날부터 내가 고열에 시달리고 아팠다면 어땠을까? 약속을 지키기 힘들다는 친구의 연락을 받았을 때 어떤 감정을 느끼게 될까? 이때는 편안함, 안도감, 어쩌면 고마움까지 느끼게 될지도 모른다. 우리가 느끼는 감정의 원인인 친구의 행동은 동일하다. 하지만 내가 느끼는 감정은 전혀 다르다. 결국 친구가 약속을 어겨서 화가 났다는 감정은 친구 탓이 아니라는 것을 알 수 있다.

아이를 키울 때도 아이의 행동은 동일하지만 가끔 우리의 감정이 들쑥날쑥해서 평소와 달리 과하게 화가 나는 경우가 있다. 이것 역시 같은 맥락이다. 내가 느끼는 감정은 결코 누구의 탓만은 아니다.

내가 느끼는 감정은 내 안의 욕구가 문제다. 따라서 부정적인 감정을 느끼는 순간 누구를 탓할 것이 아니라 곧바로 나의 욕구에 집중해야 한다. 감정이 올라온 것은 그 순간 나에게 중요한 욕구가 있는데, 그 욕구를 충족하지 못한 신호가 감정으로 온 것이기 때문이다.

물론 내가 원하는 욕구가 무엇인지 찾는 것은 쉽지 않다. 내가 진짜 원하는 핵심 욕구를 찾는 것은 많은 훈련을 필요로 한다.

결혼 초기 K 부부의 저녁 식탁에서 K가 원했던 욕구는 무엇일까? 신랑이 식사 시간에 휴대폰을 보지 않는 것이었을까? 아이에게 교육한 대로 행동해주길 원하는 것이었을까? 이것은 승화의 대화패턴의 깊이 있는 목적에 다소 미치지 못하는 접근방식이다. 욕구는 내가 원하는 상대방의 행동의 변화 이면에 진짜 내가 원하는 것을 찾기 위해 먼저 나를 살펴야 한다.

'나는 왜 이러한 행동을 원하는가?'

'이것을 통해 내가 얻고 싶은 것은 무엇인가?'

이렇게 K는 자신의 핵심욕구를 찾기 위해 깊이 있는 질문을 던지기 시작하니 보이기 시작했다. 그녀는 신랑이 저녁 먹을 때 휴대폰을 보지 않고 가족들과 대화하며 식사를 하길 원한다, K는 가족이 좀 더 친밀해지길 원해서 저녁 식사 시간만이라도 서로의 일과에 대한 이야기를 나누며 공유하는 내용이 많아지길 바라고 있었다. 이렇게 자신의 욕구를 보기 시작하니까 신랑이 야구 중계를 보는 것이 문제가 아니라 평소에 대화가 부족한 것이 문제라는 것을 알게 되었다.

이런 자신 안의 욕구를 보지 못했을 때는 상대가 변하기를 바라면서 점화의 대화패턴을 쓰고 있었는데, 비로소 내 안의 욕구를 보기 시작하니까 승화의 대화패턴을 쓰는 연습이 되기 시작했다.

"나는 당신과 가급적 많은 이야기를 나누고 싶어. 식사자리가 아니면 우리가 언제 이런 시간을 가질 수 있겠어. 그러니까 식사할 때만이라도 가급적 나에게 관심을 갖고, 사소한 이야기라도 대화를 나눠주면 좋겠어."

처음에는 어려웠지만 자꾸 연습하다 보니 화목한 결혼생활을 원하는 신랑도 K의 욕구를 충족시켜주는 쪽으로 변하기 시작했다.

갈등의 원재료인 차이가 갈등을 빚게 될 때는 먼저 상대가 아닌 자신의 핵심욕구가 무엇인지 찾아보는 것은 승화의 대화패턴을 이어가는데 아주 중요한 역할을 한다.

과거형이 아닌 미래형으로 부탁하라

승화의 대화패턴의 핵심은 바로 여기에 있다. 이제 소통의 핵심인 전달하기로 들어가기 때문이다. 내 욕구를 봤으면 상대에게 제대로 표현해야 앞의 단계에서 내가 한 노력들이 결실을 맺을 수 있다.

"당신이 밥 먹는 동안 계속 휴대폰으로 야구만 봤잖아."

과거의 행동을 이야기하는 것은 그녀가 원하는 것을 전달하는 것에 전혀 도움이 되지 않는다. 아무리 평가가 아닌 관찰의 언어로 말하려 노력해도 상대는 자신의 행동에 대한 비난이나 공격으로 받아들일 수 있다. 그 행동이 자신의 기준에서도 옳지 않은 행동임을 알 때 더욱 자신을 지키기 위해 합리화하며 애써 변명을 늘어놓던가, 자신의 잘못을 부정하기 위해 상대의 다른 잘못을 가져와 비난하거나 공격하는 투사의 대화패턴을 보이게 된다.

"당신이 이렇게 행동했잖아."

"그러는 당신은…."

이런 식으로 전형적인 방어기제 투사의 행위가 반복되기

일쑤다. 하지만 내가 과거형이 아닌 미래형의 표현으로 바꾸기 시작하면 상대도 변하기 시작한다.

물론 여기에는 핵심욕구, 도움 요청, 구체적인 행동이라는 승화의 대화패턴의 3요소를 적절히 활용해야 한다.

예를 들면 이런 식이다.

"자기야 나는 우리 가족이 좀 더 친밀해지길 원해. 서로에 대해 더 많이 알고 함께 공유하는 이야기가 많았으면 해. 나는 우리 가족이 화목하길 원하거든, 당신이 나를 도와줄 수 있다고 믿어. 저녁 먹는 시간만이라도 우리가 함께 대화 나누며 서로에게 집중하는 건 어떨까?"

어디에도 과거에 대한 이야기는 없다. 미래형으로 K가 바라는 욕구를 있는 그대로 전달했더니, K의 신랑도 변하기 시작했고, 그녀 역시 승화의 대화패턴을 활용하는 사람으로 변해가기 시작했다.

세상에 당연한 것은 없다 감사하라

승화의 대화패턴은 감사로 마무리해야 한다. 관계를 망치는 요인 중 하나는 상대가 한 일에 대해 당연히 여기는 마음이다.

상대에게 당연하게 요구하기 시작하는 순간 우리는 고마움을 잃게 되고, 상대는 요구를 들어줌으로써 얻는 게 없으니 동기부여를 상실하게 된다. 사람은 누구나 인정에 대한 욕구가 있다. 자신의 노력과 헌신을 알아봐 주고 인정해 줄 때 더욱 건강한 관계가 가능해진다.

상대가 당신에게 아무리 사소한 일이라도 해준 것이 있으면 감사의 표현을 반드시 해야 한다. 나에게는 사소한 일일지라도 상대는 그 일을 하기 위해 나름대로 노력하고, 헌신하는 마음을 담았을 확률이 높다. 그래서 가까이서 해주는 것이 많은 사람일수록 사소한 일이라도 당연하게 여기는 마음 대신 감사하는 마음을 채워 표현할 줄 알아야 한다. 가까운 사람일수록 더욱 감사할 줄 알아야 더 좋은 관계를 이어갈 수 있다.

04 관계의 겨울을 나기 위해
인정의 곡식을 쌓아라

　　우리는 지금까지 갈등과 갈등하지 않기 위한 방법과 갈
등의 재료인 차이를 대립과 충돌의 점화 대화패턴이 아닌
화합과 연결의 승화 대화패턴으로 갈등을 해결하는 방법에
대해 알아보았다.

　　우리가 모든 순간 현명하게 사고하고 스스로를 통제하며
갈등을 만들지 않고 원만하게 대화를 이끌 수 있다면 좋겠
지만, 우리는 가끔 통제할 수 없는 상황을 만나 의도치 않게
점화의 대화패턴을 사용하여 갈등을 증폭시킬 수 있다. 관
계 속에서 갈등을 전혀 경험하지 않을 수는 없기 때문이다.

　　이쯤에서 우리는 개미와 베짱이라는 이솝이야기를 상기

해볼 필요가 있다. 겨울을 대비하여 먹을 것을 쌓아두는 개미에게서 갈등을 극복하는 지혜를 배울 수 있다고 보기 때문이다. 개미나 베짱이에게 겨울이 어김없이 찾아오는 것처럼 우리에게도 갈등의 상황은 어김없이 찾아온다. 인간인 이상 갈등에서 완전히 자유로울 수는 없다. 문제는 갈등이 아니라 그 갈등을 풀어가는 우리의 자세에 달려 있다.

개미가 겨울을 대비해 차곡차곡 곡식을 쌓듯이 우리도 갈등과 직면할 상황을 대비해 평소에 양질의 관계를 만드는 노력을 차곡차곡 쌓아가야 한다. 관계는 노력의 산물이다. 특히 양질의 관계는 반드시 우리의 의식적인 노력을 필요로 한다.

그 중에 하나가 인정이다. 인정에는 크게 두 개의 인정이 있다. 하나는 '남을 동정하는 따뜻한 마음'의 인정(人情)이고, 또 하나는 '확실히 그렇다고 여기는 마음'의 인정(認定)이다. 우리는 언제든지 반드시 닥치게 마련인 관계의 겨울을 나기 위해 틈틈이 인정이라는 곡식을 쌓아가야 한다. 인정을 산처럼 쌓아놓으면 아무리 혹독한 갈등의 상황인 겨울이 오더라도 얼마든지 버텨낼 수 있기 때문이다.

인정(人情)을 갖고 상대를 대하라

인정은 인간의 본성으로 다른 이들을 끌어안을 수 있는 온기다. 인정을 갖고 상대를 대하며 결코 갈등을 빚을 일이 없어 관계에 문제가 생길 수 없다.

새끼 고양이나 강아지가 길을 잃고 비 오는 날 비를 맞으며 우리 집 현관 앞에 웅크리고 있는 것을 발견했다고 가정하자. 여러분은 어떤 마음으로 강아지를 보겠는가? 인정을 가지는 것만으로도 우리의 표정에서 독기는 빠져나간다. 상대도 그것을 알기에 내게 똑같은 인정을 베풀 수 있다. 평소에 인정을 곡식 쌓듯이 차곡차곡 쌓아가면 관계의 겨울이 오더라도 끄떡없이 견딜 수 있다.

상대를 있는 그대로 인정(認定)하라

관계를 망치는 것 중 하나가 자신을 상대와 심하게 동일시하는 것이다. 심리적인 유대가 있는 대상일수록 더욱 동

일시하려는 경향이 강한데, 그 순간 상대의 의견이나 가치
는 무시하고 자신의 생각과 의견을 강요하는 폭력을 행사
하는 게 우리 인간이다.

상대를 있는 그대로 인정해야 한다. 내 방식으로 강요하
거나 바꾸려 들지 않고 상대를 존중해야 한다. 상대의 선택
을 지지하고 있는 그대로를 인정해주는 관계의 곡식을 차
곡차곡 쌓다 보면, 관계의 위기를 초래하는 혹독한 겨울이
오더라도 상대를 존중하는 마음을 놓치지 않을 수 있다.

나의 실수를 인정(認定)하라

내가 나의 실수에 가혹할수록 우리는 관계에 소극적일
수밖에 없다. 우리는 누구나 실수할 수 있는 존재이고 배우
며 성장해 가는 존재임을 기억하자.

관계에서 미숙한 나의 모습이 발견된다면 부정하거나 애
써 숨기려 말고 나 자신에게 나의 미숙함을 솔직히 인정하
고, 그 미숙함 속에 숨어있는 나의 진짜 욕구에 집중해보자.

그리고 그 욕구를 채워 줄 수 있는 다른 수단을 찾아보자.

　타인과 건강한 관계를 만들려면 나의 내면이 먼저 건강해야 한다. 인간이 가진 최고의 무기는 자기 성찰이다. 성찰은 실수조차 소중한 경험으로 만들어준다.

　오늘도 실수한 나에게 속삭여 주자.

　"괜찮아, 내가 이 세상에 존재하는 한 나에겐 내일이 있으니."

　평소에 이렇게 나의 실수를 인정해주는 곡식을 차곡차곡 쌓다 보면 아무리 혹독한 관계의 겨울이 오더라도 주눅 들지 않고 버터 낼 수 있다.

Chapter 7

연결을 만드는 소통법

우리 사회는 인터넷의 발달로 비대면 소통에 익숙한 문화에 빠져들고 있다. 하지만 그로 인해 관계의 핵심인 대면 소통에 많은 문제가 발생하고 있다. 대면 소통의 어려움을 겪는 원인을 살펴보고 지금보다 더욱 좋은 관계로 연결해 나갈 수 있는 연결소통법을 소개한다.

01 소통은 단절이 아니라 연결이다

유명 이탈리안 레스토랑을 방문했다. 예약 자리를 안내받고 자리에 앉자 서비스 직원은 식탁 위에 있는 태블릿PC를 가리키며 이 PC를 통해 주문해달라고 했다. 메뉴뿐만 아니라 간단한 물이나 기타 필요한 것들을 텍스트로 직원에게 전달할 수 있었다.

'참 편한 시스템이네.'

이런 생각과 동시에 사람과의 대화보다 점점 더 기계와의 대화에 익숙해지겠다는 생각을 했다. 이런 식으로 무인결제를 하는 카페나 식당이 늘어나면서 소비생활은 편리해질 수가 있지만, 사람을 직접 대면하지 않고도 살아가는 날들이 늘어나면서 사람들과 관계 맺는 것을 힘들어하는 이들이 늘어난다고 하니 씁쓸한 생각이 드는 것은 어쩔 수 없었다.

콜 포비아(Call phobia)라는 말은 전화(Call)와 공포증 (Phobia)의 합성어로 전화 통화를 기피하는 현상을 말한다. 취업포털 '잡코리아'와 '알바몬'에서 성인남녀 1,037명을 대상으로 조사한 결과, 성인 46.5%가 전화 통화에 두려움을 느끼는 콜 포비아를 겪고 있다고 한다. 또 10명 중 7명 (67.6%)은 앞으로 콜 포비아가 더욱 증가할 것이라고 예측했다. 성인남녀가 콜 포비아를 겪는 가장 큰 이유(복수 응답)는 '메신저 앱·문자 등 비대면 의사소통에 익숙해져서' 가 49.2%를 차지했다.

콜 포비아는 우리 시대의 소통 문제를 대변해주고 있다. 인터넷이나 SNS의 발달로 새로운 소통의 장이 만들어지면서, 비대면 의사소통에 익숙해지다 보니 서로의 정보, 생각, 태도를 공유하는 진정한 의미의 소통은 기피하는 현상이 벌어지고 있는 것이다.

"오늘 날씨 좋네요."

"좋은 일 있나 봐요."

서양 사람은 마트에서 물건을 사고 계산할 때 이런 대화를 쉽게 한다. 하지만 우리나라 사람들은 어떠한가?

"얼마예요?"

"감사합니다."

이처럼 극히 사무적인 말만 하는 것이 대부분의 한국 사람들이다. 한국 사람은 예로부터 일상적인 이야기를 편안하게 하지 못하는 문화 속에 살아 왔다.

노자의 도덕경에는 '말이 많으면 궁해진다'는 다언수궁(多言數窮)이라는 고사성어가 있다. 한국 사람은 어려서부터 이와 비슷한 말을 심심찮게 들으며 자라왔다. 주입식 교육에 익숙해서 궁금하거나 모르는 것을 선생님에게 묻지도 못하고 자라왔다. 그렇다 보니 자신의 의견이나 생각이나 감정을 표현하는 것을 어려워하면서 소통의 어려움을 겪고 있다.

소통도 근육과 같다. 열심히 운동하면 근육은 발달하듯이 열심히 표현해야 소통도 잘 할 수 있다. 하지만 현실은 대면 소통을 하지 않아도 되는 상황을 연출하니 소통의 근육이 더욱 축소되고만 있다. 말을 많이 하는 것을 안 좋은 것으로 보는 한국 특유의 문화적 특성과 인터넷의 발달로 소통 근육은 더욱 퇴화하고 있다.

한 조사에 따르면 평소 가족과 식사하며 대화하는 횟수가 주 4회 이상인 사람들은 그렇지 않은 사람들에 비해 삶에 대한 만족도가 2배 이상 높게 나타났다. 가족 간의 대화를 즐기는 사람일수록 사회 적응력도 높은 것으로 나타났다. 반면 소통이 원활하지 못한 부부는 15년 이내 이혼할 확률이 94%나 된다고 한다. 가족관계 만족도에서 소통이 얼마나 중요한 역할을 하고 있는지 알 수 있다.

그런데 현실은 어떤가? 매일 대면하면서 소통해야만 하는 가족 관계에서 어려움을 겪는 이들은 날마다 늘어나고 있다.

우리는 대면 소통법을 배울 필요가 있다. 애써 노력하지 않으면 비대면 소통에 익숙한 문화에 빠져들어 관계의 핵심인 대면 소통에 어려움을 겪으며 사회생활을 힘들게 유지할 수밖에 없기 때문이다.

소통은 단절이 아니라 연결이다. 이제부터 대면 소통의 핵심인 연결소통법을 소개하고자 한다. 어색한 분위기를 화기애애하게 만들어주는 연결소통법, 그리고 그 연결소통을 활짝 꽃 피우는 질문법을 배워 실생활에 유용하게 활용할 수 있기를 바라며.

02 센스있게 소통하는 연결의 대화법

1.

출근길에 회사 1층 엘리베이터 앞에서 상사를 만난 A씨

"안녕하십니까, 좋은 아침입니다."

서로 인사를 주고받는다. 그러고는 휴대전화를 만지작거린다. 어색한 기운이 맴돈다. 무슨 말이라도 해야 할 것 같지만 무슨 말을 해야 할지 도통 모르겠다.

'오늘 아침 뉴스에 나왔던 이야기를 해볼까? 괜히 쓸데없는 이야기는 아닐까?'

머릿속은 복잡한데 아직도 도착하지 않는 엘리베이터는 그런 A씨의 마음을 몰라주는 것만 같다.

2.

소개팅에서 만난 상대방의 질문에 단답형으로 답변하는
B씨

"어떤 음식 좋아하세요?"

"떡볶이요."

"주말엔 주로 어떻게 보내세요?"

"주말엔 주로 쉬어요."

상대방이 마음에 드는데 질문을 받으면 어떤 답변을 해야
할지 모르겠다. 그래서 소개팅 또는 사회에서 대화가 이어
지지 않아 분위기가 어색해지는 경우가 많다.

A씨처럼 핵심적인 대화 이후에 어떤 말을 해야 할지 모
르는 경우, B씨처럼 상대방은 연결하고자 노력하는데 어떻
게 답변해야 할지 모르는 경우가 있다. 이런 상황들을 겪다
보면 개인적인 대화를 가능한 한 피하고 싶어한다. 소통의
단절을 초래할 수 있다.

그렇다면 이런 상황에 어떻게 대처해야 할까? 이런 상황
에서 분위기를 연결하는 가장 간단하고 누구나 쉽게 적용

해서 즉각적인 효과를 볼 수 있는 기본 연결소통법칙으로
'플러스알파'를 소개하고자 한다.

인사 플러스알파

　의사소통에서 중요한 것이 라포 형성(Rapport building)
이다. 상담학 용어로 '상대방과 형성되는 친밀감 또는 신뢰
관계'를 의미한다. 인간관계에서 서로 비슷하거나 공통점
이 많을수록 공감대가 쉽게 형성되고, 서로 좋아할 확률이
높아진다. 라포 형성은 서로 연결할 수 있는 대화의 소재를
많게 하며, 유대감을 형성해주는 연결고리를 만들어 준다.

　레스토랑에 근무하는 직원 중 손님들과 인사 외에 다른 말
을 하지 않는 직원이 있었다. 심지어 일주일에 거의 4일을 방
문하는 단골하고도 대화가 거의 없었다. 손님이 가벼운 농담
으로 친밀감을 형성하려 했지만 그 직원은 웃으며 간단하게
대답하는 것이 전부였다. 그래서 어느 날 그 이유를 물어보았
다. 직원은 무슨 말을 해야 할지 몰라 그런다고 했다. 그래서

인사 외에 한마디 덧붙여 말하는 법을 알려줬다.

"안녕하세요. 오늘은 갑자기 날씨가 추워졌네요! 여기가 따뜻하니 이쪽으로 안내해드릴게요!"

"안녕하세요. 오랜만에 오셨네요. 그동안 잘 지내셨어요?"

이런 식으로 날씨를 이야기하거나 그간의 안부를 묻는 방법을 써보라고 했다. 직원은 처음에 몇 번은 다소 어색해했지만 계속 대화를 연습하고 시도하더니 금세 편하게 손님들과 소통하면서 손님들로부터 "친절하다"는 칭찬도 많이 받았고, 가장 오랫동안 일한 직원으로 자리잡았다. 직원은 개인적인 사정으로 그만두면서 매니저에게 이렇게 이야기해주었다.

"인사만 하면서 일할 때는 몰랐는데 손님들과 대화를 주고받으면서 일이 더욱 재밌게 느껴졌습니다. 정말 감사합니다."

사적인 대화들은 상대와의 거리를 좁혀 어색한 분위기를 화기애애하게 만들어 줄 수 있다. 그 날의 날씨를 이야기하거나 그간의 안부를 묻는 것만으로도 충분하다. 이렇게 라포 형성이 이뤄지면 대화를 이어나갈 수 있게 물꼬를 터주는 힘을 얻을 수 있고, 어색하지 않게 친밀감을 형성하면서 자연스런 분위기를 만들어갈 수 있다.

아침 출근길에 지하철역에서 내려 회사로 향하는데 상사와 함께 걷게 됐다. 당연히 서로 인사한다. 하지만 다음부터가 문제다. 할 말은 없고 서로 핸드폰만 보는 어색한 상황이 만들어졌다. 이때 인사 외에 한마디를 덧붙일 수 있어야 한다. 소재는 무엇이든 상관이 없다. 때마침 눈에 들어온 것이라면 더욱 좋다.

"저 식당은 체인점인데 맛집인가 봐요. 우리 동네는 줄을 서서 먹더라고요."

이런 느낌으로 한 마디를 덧붙여보자. 그러면 어떤 식으로도 상사의 답변이 있을 수 있다. 이런 식의 답이라면 최상이다.

"아, 저 식당! 얼마 전에 이과장하고 갔었는데 사람이 많은 이유를 알겠더라고."

"아, 진짜요? 맛있었어요?"

"가격이 비싸지도 않고 맛도 있더라고. 사람만 많지 않으면 편하게 이용하기 좋을 것 같아."

"저도 나중에 한번 가봐야겠어요."

"이대리 편한 시간 얘기해줘. 같이 가자."

"네 팀장님, 꼭 함께 가면 좋겠습니다."

이와 같은 대화가 바로 인사 후에 주고받는 플러스알파 소통법이다. 처음은 아주 사소한 소재로 대화를 시도했지만 그 결과는 상상을 초월한다. 만날 때마다 형식적인 인사만 나누는 상대와 비록 순간일지라도 플러스알파의 대화를 나누는 상대는 친밀감이 같을 수 없다. 한마디를 덧붙이게 되면 상대에게 한마디가 더 돌아오면서 서로의 뇌리에 좋은 이미지를 각인하기 때문이다.

인사를 주고받는 상황에서 어색한 침묵을 없애고 대화 분위기를 만들어주는 인사 플러스알파 소통법을 익히면 얼마든지 지금보다 더욱 좋은 관계로 연결해 나갈 수 있다.

"상대방이 나를 좋아한다는 사실이 아니라 나를 좋아
한다는 느낌만으로도 상대방을 좋아하게 된다."

사회학자인 에드워드 존스는 말했다. 상대방의 마음을
사로잡기 위해서 '상대방을 띄워주기' 전략을 사용해야 한
다고 했다.

상대방을 칭찬하여 기본적으로 상대방에게 호감을 주는
방법이다. 사람은 누구나 자신을 좋아하는 사람을 선호하기
에 이런 방법은 상대의 마음을 얻어 관계를 잘 이어나가는
좋은 소통법이다. 칭찬은 상대의 신뢰를 만들어 주고 서로
좋은 감정을 나누게 해서 더욱 친밀한 관계로 연결해 준다.

Y는 기업에 출강하는 교육강사다. 강의하러 갈 때 옷의
컬러 하나에도 신경을 쓴다. 각 기업마다 상징하는 심벌 컬
러가 있기 때문이다. 삼성은 파란색, 농협은 초록색 등이
다.

하루는 빨간색이 심벌 컬러인 한 기업에 빨간색 재킷을 입고 강의하러 갔다. 강의 시작 전에 만난 교육 담당자가 Y를 보고 말했다.

"강사님, 빨간색 재킷 저희 회사 컬러에 맞게 입고 오셨네요. 센스가 남다르십니다."

교육 내내 재킷의 컬러를 잘 골라 입고 온 스스로가 뿌듯했고, 처음 만난 담당자였지만 인간적인 호감이 생겼다. 5초도 되지 않는 칭찬 한마디로 둘은 그렇게 친밀감을 형성했다.

호감 플러스알파는 이처럼 지금 눈앞에 있는 상대의 보이는 부분을 칭찬하면서 호감을 이끄는 대화법이다. 빨간색 재킷을 입은 사람에게는 재킷 컬러의 의미를 부여해서 칭찬하고, 넥타이가 눈에 띄면 그날 의상과 잘 어울린다고 칭찬하자. 체크무늬 헤어밴드를 한 사람에게 그 헤어밴드의 의미를 부여해서 예쁘다고 칭찬하면 호감 플러스알파는 완성이 된다.

이때 주의할 것이 있다. 제발 칭찬과 동시에 부탁은 하지 말자. 그러면 상대는 칭찬의 진정성을 의심하고 부탁에 부담을 느껴 호감에 마이너스를 초래할 수 있다. 소설가 마크 트웨인은 "상대방에게 책임을 맡기는 칭찬은 말짱 도루묵"이라고 했다.

"교수님, 구두가 정말 멋있습니다. 그런 의미에서 과제 마감기한을 조금 연기해주시면 안 될까요?"

이런 식의 말은 차라리 하지 않는 게 낫다.

"사람들은 의식적이든 무의식적이든 자신이 원하는 이미지를 만들기 위해 전략적으로 자신을 드러내고 있다."

에드워드 존스는 말했다. 그는 전략적인 자기표현의 방식으로 '환심사기'를 들었다. 호감 플러스알파 소통법과 일맥상통하는 것이 있다.

호감 플러스알파 소통법, 아주 사소한 것이라도 의미를 붙여서 칭찬하는 것은 상대에게 긍정적인 감정을 이끌어내어 인간관계를 더욱 든든하게 연결해 주는 소통법이다.

답변 플러스알파

Y에게는 사회 모임에서 만난 친구가 있다. 처음 만나 서로 인사를 주고받고 어떤 친구인지 궁금하기에 이런저런 질문을 했다. 그러나 그 친구는 Y의 질문에 매번 단답형으로만 대답했다.

'내가 무슨 실수를 했나?'

'답변하는 게 귀찮나?'

단답형 답이 이어지자 Y는 이런 생각에 더이상 말을 걸지 않았다. 한참이 지난 후 그 친구와 처음 만난 날 이야기를 꺼내며 알게 되었다. 그날 그 친구는 어색한 마음에 그렇게 대답했다고 한다. Y는 그 친구를 오해했고, 그 친구는 자신의 그런 단답형 대답이 상대를 불편하게 할 줄을 몰랐다고 했다.

단답형 대답은 대화의 단절을 불러온다. 친밀도를 형성하려고 이런저런 질문을 던지던 사람은 상대가 자신을 귀찮아 하는 것 같은 느낌을 받아 내심으로 기분을 상해하면서 입을 다물어 버린다. 물론 당사자는 대화의 연결이 부담스럽고 성가셔서 단답형으로 대답할 수 있다. 하지만 그런 상황에서 불편해하는 쪽은 답변을 하는 사람이 아니다. 호감을 갖고 말을 붙이는 사람이 더 불편하다.

최근에는 직장 상사가 단답형으로 답변하는 부하직원의 눈치를 보며 말을 거는 경우가 많다고 한다. 현명한 직원이라면 상사가 눈치보지 않고 자연스럽게 말을 걸 수 있도록 대화에 최선을 다하는 것이 관계적 측면에서 직장생활을 편하게 하는 지름길이라는 것을 알아야 한다.

소통 능력은 사소한 이야기를 어떻게 주고받느냐와 상대를 어떻게 대하느냐의 태도로 판가름 난다.

"어떤 음식 좋아하세요?"
"떡볶이요."

이런 단답형 답은 대화의 단절을 가져온다. 이럴 때는 상대를 배려해서 얼른 구체적인 이야기를 해줘야 한다. 이 방법이 답변 플러스알파이다. 예를 든다면 이런 식이다.

"어떤 음식 좋아하세요?" "떡볶이요. 며칠 전에 떡볶이 맛집이라고 TV에 소개된 ○○○에 찾아가서 먹어봤는데 '인생 떡볶이'를 만났어요."

이런 식으로 답변 플러스알파를 넣어 대화를 연결하면 상대방과 대화할 거리가 많아져서 이후의 대화는 한결 수월해지기 마련이다.

상대가 던져준 화제에 단답형 대답만 해서는 오해를 만들 수 있고 소통의 연결이 성립되지 않는다. 누군가의 질문을 받으면 답변 플러스알파의 대화법을 활용해서 대화를 하면 소통의 연결을 더욱 원활하게 이어갈 수 있다.

03 연결을 키우는 질문의 힘

"인간이 지닌 최고의 탁월함은 자기 자신과 타인에게 질
문하는 능력이다."

- 소크라테스

"밥은 먹었니?"

이런 질문이 고향에 계신 부모님과 통화하는 과정에서
나온 질문이라면 사랑과 걱정이 동시에 내포한 말일 수 있
다. 자식은 부모의 이런 질문을 받으면 자연스레 부모의 사
랑과 관심을 느끼게 된다.

"당신의 장점은 무엇인가요?"

면접상황이라면 이 질문은 단순히 정보를 제공하는 것으로 끝나서는 안 된다. 면접관 입장에서 당신이 잘 하는 것을 알고 싶으니 그것을 말해 달라는 뜻으로 듣고 성실하게 답을 할 수 있어야 한다.

"이번 주말에 시간 괜찮으세요?"

연인으로 발전하기 전의 남녀 사이에 이런 질문이 이뤄졌다면 관계를 계속 이어가고 싶다는 뜻으로 듣고 관계 형성을 어떻게 해나갈 것인가에 대한 답을 줄 수 있어야 한다.

소통을 잘 할 수 있는 수많은 도구 중 질문은 매우 효과적이다. 질문은 상대의 마음을 열기도 닫기도 한다. 대화를 주도하기도 하고 상대와의 관계의 거리를 좁히기도 한다. 또한 상대의 생각을 변화시키고 인식을 확장시킨다.

"사람을 판단하려면 그의 대답이 아니라 질문을 보라."

- 볼테르

질문은 곧 자신을 드러낸다. 질문은 대화의 질을 결정하고 나아가 상대와의 연결을 만든다.

질문 하나가 사람의 인생을 바꿀 수도 있다. 질문만 잘해도 소통을 잘 할 수 있고, 상대와의 연결을 긍정적으로 이어갈 수도 있다.

비즈니스 상황이라면 상대의 호감을 사서 마음을 움직여야 한다. 자신이 원하는 방향으로 대화를 현명하게 이끄는 방법은 혼자 일방적으로 말을 많이 하는 것이 아니라 상대의 이야기를 경청하면서 필요한 질문을 적당히 해나가는 것이다.

상대방을 주인공으로 만드는 질문법

Y의 어머니가 돌아가셨다. 감당할 수 없던 슬픔의 상황이라 아픔을 함께 나눠 주고자 찾아준 분들의 따뜻한 위로가 그 상황을 버틸 수 있었던 힘이 되었다. 언어로 전달된

위로의 말들도 기억에 남지만, 그 어떤 말보다 비언어로 전달된, 즉 안아주고 토닥여주며 함께 울어줬던 위로들이 3년이 지난 지금까지 기억에 생생히 남아 있다. 그때 이런 친구가 있었다.

"나는 오히려 엄마가 없었으면 좋겠다고 생각한 적이 많아."

그리고 본인의 이야기를 들려주었다. 친구에게는 미안하지만 그녀는 그 친구의 이야기를 다 들어줄 여유가 없었다. 친구가 말을 이어갈 때 '나의 슬픔을 오롯이 알아주고 공감해주는 것을 바라지는 않지만 너의 이야기에 귀를 기울여줄 마음의 여유가 지금 나에게는 없어. 그만 해 줄래?'라는 말을 해주고 싶었다. 하지만 그녀는 차마 그 말을 할 수 없었다. 친구가 방법은 잘못되었지만, 자신의 이야기로 그녀를 위로해주고자 하는 의도는 알고 있었기 때문이다.

친구는 자신의 의도와는 상관없이 그 상황에서 정작 위안을 받아야 할 Y에게 불편함을 안겨주고 있었다. 상황에 맞지 않는 소통법으로 말이다.

"Latte is horse. (라테는 말이야.)"

이 말은 요즘 젊은 세대에서 화제인 유행어다. 젊은 세대
와 대화할 때마다 '나 때는 말이야.'로 시작하는 기성세대를
풍자한 말이다. 이런 표현을 자주 사용하는 사람을 '라테 아
저씨'라고 부르며 소위 꼰대 기질을 발휘한다고도 이야기한
다. 우스갯소리로 치부할 수 있으나 세대 간 소통의 단절을
보여주는 말이라 씁쓸함을 금할 길 없다.

회사의 상사 혹은 지인 중 '라테 아저씨'의 전형인 사람
이 있을 것이다. 야근이 줄어든 회사 상황에 대해서 대화할
때, 요즘의 군대 생활에 대한 TV 뉴스를 접할 때 등 대부분
의 대화 상황에서 항상 본인의 과거를 거론하며 열변을 토
하는 사람 말이다. 본인은 신이 날지 모르지만, 듣고 있는
상대방은 곤욕스럽기만 하다.

"대화 나르시시즘은 주목을 끌고자 하는 사람들의 지배적
인 심리 성향을 잘 나타내준다. 이 성향은 친구와 가족,
동료들 사이에서 이루어지는 대화에서 주로 모습을 드러

낸다. 끊임없이 자기 이야기만 하는 사람에게 대처하는
방법을 알려주는 책들이 인기를 얻는 것을 보면, 이런 성
향이 일상생활 전반에 널리 퍼져 있음을 알 수 있다."

사회학자인 찰스 더버의 말은 우리에게 시사하는 바가
크다. 돌이켜 보면 상대를 위로해야 하는 상황에서 본인의
엄마 이야기를 했던 Y의 친구나, '라떼 아저씨'는 대화 나르
시시즘, 즉 언제나 대화의 주인공이 되고자 하는 욕망이 강
한 사람들이다.

더버는 이와 같은 대화 나르시시즘과 관련해서 상대의
말에 대한 반응을 두 가지 유형으로 나누어 제시한다. 하
나는 'Shift-response(전환 반응)'이고 다른 하나 'Support-
response(지지 반응)'이다.

전환 반응은 대화의 초점을 자기 자신에게로 돌려 대화
의 주인공이 본인이 되는 것이고, 지지 반응은 대화의 초점
을 상대에게 두어 상대를 대화의 주인공으로 만들어 주는
것이다. 예를 들자면 다음과 같다.

"요즘 야근이 많아 참 힘드네요."

▷전환 반응 : "나 때는 말이야~"

▷지지 반응 : "새로운 프로젝트 준비로 많이 바쁘지?"

"아, 배고파!"

▷전환 반응 : "나는 좀 전에 밥을 먹었어."

▷지지 반응 : "뭘 좀 먹어야겠다. 먹고 싶은 것 있어?"

"헤어스타일을 바꿔볼까 해."

▷전환 반응 : "나도 염색하고 싶은데 아직도 못했네."

▷지지 반응 : "그래? 어떻게 바꿔보려고?"

전환 반응은 어떠한 대화 상황에서도 관심의 대상을 끊임없이 본인에게 향하도록 한다. 주목을 끌고자 하는 사람들의 지배적인 심리 성향을 잘 나타내주는 대화 나르시시즘의 주된 특징이다.

지지 반응은 상대방이 이야기를 계속할 수 있도록 질문을 통해 도와준다. 상대의 이야기를 듣는 것에 집중하고, 계속해서 상대의 이야기에 관심이 있음을 보여준다.

대부분의 사람들은 본인이 대화의 주인공이 되고자 한다. 하지만 이런 대화 나르시시즘 행위는 상대에게 도움을 주기보다 불편한 감정을 초래할 가능성이 더 높다.

대화란 서로의 이야기를 주고받는 것이다. 자신의 생각을 말하는 것과 상대가 말하는 내용을 듣는 '나눔'의 행위가 끊임없이 되풀이되는 것이 대화이자 올바른 소통이다.

따라서 대화를 할 때는 상대와 말에 자기 자신의 이야기로 전환하는 반응보다는 관심을 표현하는 지지 반응으로 질문을 던져가며 관계를 이어가도록 해야 한다. 이 기법을 잘 활용하면 대화는 더욱 발전적이고 생산적으로 될 것이고 상대와의 연결은 더 단단해질 것이다.

관심을 표현하는 질문법

우리가 생각하는 것 이상으로 질문은 많은 사람의 마음을 움직인다. 질문으로 상대의 마음이 나에게 향하도록 하는 것이다. 가장 좋아하는 음식은 무엇인지, 회사에서 힘든 일은 무엇인지, 만약 당신이 나라면 어떻게 하겠는지 등의 질문은 상대를 향한 관심과 사랑을 표현한다. 이런 질문과 답변이 오고 가는 대화에서 우리는 마음의 문을 열어 관계를 끈끈하게 연결해 나간다.

그렇다고 아무 질문이나 다 그렇다는 것이 아니다. 이렇게 사람의 마음을 움직이는 질문은 고도의 기술이 필요하다.

1. "요즘 SNS 보니 바빠 보이시던데, 어떻게 지내세요?"
2. "요즘 많이 바쁘시죠?"

1번 질문에는 요즘 어떻게 지내고 있는지를 설명하는 답변을 하게 될 것이고, 2번 질문에는 "예" 혹은 "아니오"로 답변이 가능하다.

1번과 같은 질문을 개방형 질문이라고 한다. 육하원칙, 즉 '누가, 언제, 어디서, 무엇을, 어떻게, 왜'를 활용하는 질문이다. 상대가 대답할 수 있는 특정 구조를 제시하지 않고 자유롭게 이야기하도록 하는 것으로 여러 가지 견해, 생각, 감정을 상대방의 언어로 표현하게 하는 질문법이다.

"바람이 엄청 차갑던데, 오는 길은 어땠어?"

"오늘 학교에서 무엇을 했니?"

이런 개방형 질문은 상대방으로부터 상세한 답을 들을 수 있어 대화를 계속 이어갈 수 있다.

2번과 같은 질문을 폐쇄형 질문이라고 한다. 질문하는 사람이 제시한 목록에서 상대방이 선택하도록 하는 질문이다. 현실이나 사실 확인에 대한 대답을 요구하는 질문이다. "예", "아니오"로 답변할 수 있다.

"이번 주 휴가야?"

"오늘 집에 데려다줄까?"

교사 질문 전략에 대한 연구 논문에 의하면 언어 수업에서는 대부분이(79%) 폐쇄형 질문을 한다고 한다. 교사가 개방형 질문을 던지면 학생들이 혼란스러워한다. 교사의 질문이 학습자를 교정해 주는 역할 이외에도 학습을 평가하는 기능을 겸하기 때문이다. 즉 교사가 대화의 발화를 지배하는 구조에서는 학생들이 말할 기회가 제한되니 폐쇄형 질문이 효과적일 수 있다.

대화는 상황과 맥락에 따라 뜻이 달라지기 때문에 개방형 질문이 더 좋다거나 폐쇄형 질문이 더 나쁘다고 단정할 수 없다. 상황에 맞춰 적절하게 선택할 수 있어야 한다.

질문자가 대화의 주도권을 계속 이어가려면 폐쇄형 질문이 좋다. 개방형 질문은 대화의 주도권을 상대에게 넘겨 주면서 상대가 자신이 원하는 대로 마음껏 답변할 수 있게 해 준다. 관계에서 상대와의 연결을 키우고 싶다면 개방형 질문을 선택하는 것이 좋다.

개방형 질문을 하면 상대와 대화를 자연스럽게 이어가면서 공통점을 많이 찾을 수 있다. 대화의 주도권이 상대방에게 있기에 주로 이야기는 상대가 한다. 대부분의 사람들은 그 어떤 주제보다 자신의 이야기를 하는데 더욱 익숙하다.

사람은 듣기보다 말하기를 선호한다. 개방형 질문은 이런 사람의 속성을 대화에 활용해서 상대가 익숙한 주제로 말하기를 좋아하는 욕구를 충족시켜주면서 관계의 연결고리를 찾게 해준다. 그 연결고리를 통해 유대감은 더욱 돈독하게 다져질 수가 있다.

조직의 리더라면 모든 답을 직접 주는 것이 아니라 조직원들이 스스로 답을 찾고 결정할 수 있도록 이끌어 줄 수 있어야 한다. 가급적 폐쇄형 질문보다 개방형 질문으로 부하직원이 스스로 답을 찾도록 자연스럽게 유도할 수 있어야 한다.

"우리가 질문을 던짐으로써 현명해진다. 그 질문에 대한 답변이 주어지지 않는다 하더라도 현명해지는 건 마찬가지다. 속이 꽉 찬 질문은, 집을 달고 다니는 달팽이처럼, 답변을 등 뒤에 달고 다니기 때문이다."

- 제임스 스티븐스

질문은 때때로 하나의 영감이 되기도 하고, 더 많은 발견과 연결을 위한 자극제가 되기도 한다. 우리가 맺게 되는 훌륭한 관계의 대부분은 간단한 질문에서부터 시작된다는 점을 잊지 말자. 관계를 이어가는 대화에서는 가급적 개방형 질문을 선택해서 상대가 존중받는 느낌이 들도록 유도하는 것이 좋다는 것도 잊지 말아야 한다.

공감을 해주는 질문법

Y는 강의를 하러 가는 중에 자동차 접촉사고가 났다. 사람이 다치지는 않았지만 차 외관이 다 망가질 정도로 꽤 큰 사고였다. 차에서 내리자마자 소리를 지르는 상대 차량의 운전자 때문에 더욱 두려웠고 무서웠다. 일단 보험회사에 연락하고, 현장 사진을 찍은 후 서울과 경기도를 오고 가며 늦은 저녁까지 계획된 강의를 했다. 너무 놀라서 하루 종일 가슴이 두근거리고 손까지 떨렸다.

"오늘 많이 놀라고 힘들었지?"

저녁에 사랑하는 사람의 이 한마디에 눈물이 하염없이

쏟아졌다. 그녀의 마음을 다 알아주는 것 같았다. 오늘 하루 애쓴 그녀에게 그 어떤 것보다 큰 위로가 되었다.

이처럼 상대의 마음을 알아주고 공감하는 질문은 상대와의 관계에서 긍정적인 효과를 낸다. 상대의 마음을 열 수 있고, 상대가 나를 알아준다는 것을 확인할 수 있어 자신의 속마음까지 털어놓게 만든다.

"예진아, 4학년이 되니 수업도 어려워지고 학교 다니기 힘들지?"

자녀와 관계를 잘 유지하고 싶다면 이런 식으로 공감하는 질문을 해보자. 소재는 마음만 먹으면 얼마든지 다양하게 찾을 수 있다. 학교생활에 힘든 점은 없는지, 친구들과의 관계는 어떤지, 선생님과의 관계는 어떤지, 좋아하는 과목과 싫어하는 과목은 무엇인지, 파악하기 위해서라도 먼저 마음을 읽어주고 공감해주는 질문을 던져보자. 자녀가 자신의 마음을 열어놓을 수 있도록 먼저 그 마음에 집중하여 알아주는 것이다.

"아니요. 생각보다 수업이 어렵지 않고 같은 반 친구들이 많아서 더 재밌어요."

"네, 수업이 어려워지니 힘들어요. 그래도 학교에 가면 친구들과 노는 게 즐거워서 학교 다니는 게 신나요."

부모가 먼저 공감해주는 질문을 하면 자녀는 스스로 공감받고 있다는 것을 위안으로 삼아 이렇게 묻지 않은 근황까지 스스로 이야기하며 대화를 연결해 가려고 할 것이다.

일이 너무 바빠서 매일 야근을 하는 부하직원이 마음에 들지 않는 보고서를 갖고 왔다면 상사로서 어떤 질문이 효과적일까? 실제로 중간관리자 리더십 강의 현장에서 교육생들에게 이런 질문을 해본 적이 있다.

"회사 다니기 싫어?"

"내가 할까?"

"이게 보고서야?"

"내일 다시 갖고 올래?"

"요즘 많이 힘들지?"

이런 식으로 다양한 질문들이 쏟아졌다. 그런데 이중에서 교육생 스스로 가장 좋은 질문으로 뽑은 것이 있었다. 여러분도 골라보자. 이 중에서 가장 좋은 질문은 무엇이라 생각하는가?

"요즘 많이 힘들지?"

그렇다. 많은 이들이 이 질문을 선택했다.

부하직원의 현재 힘든 마음을 읽어주는 질문은 노력을 인정해주는 동시에 상호 신뢰 관계를 형성할 수 있다.

연결을 위한 소통은 상대의 마음을 이해하고 집중하고 알아주는 태도를 취하는 노력으로 완성된다. 상대의 감정이나 생각을 꼬치꼬치 물어보는 질문보다 때로는 상대의 감정을 한번 알아주는 공감 어린 질문이 상대의 마음을 얻는 데 효과가 있다. 감정을 마주하는 질문으로 상대의 마음을 미리 알아주는 질문을 하면서 그 마음에 공감하는 태도를 보이면, 설령 그 내용이 좋지 않은 내용이라도 상대는 마음의 문을 열고 솔직하게 이야기하게 된다.

공감하는 질문법은 상대의 마음을 얻고, 그에 따른 대답으로 상대의 솔직한 감정을 알 수 있으며, 상대의 마음에 맞게 효과적으로 대처할 수 있다.

04 연결을 만드는 '함께' 소통법

초등학생 시절의 이야기다. 그 시절엔 학교 끝나면 동네 친구들이 골목에 모여 돌멩이로 땅을 따먹고, 공을 주고받으며 나이를 먹는 놀이를 하고, 달력으로 만든 딱지치기도 하며 놀았다.

"영수야 밥 먹어라!"

해가 질 무렵이 되면 영수의 엄마가 큰 소리로 밥때를 알렸다.

"나 밥 먹으러 간다."

엄마의 부름을 받은 영수가 집으로 뛰어 들어가면 이윽고 옆집, 그 옆집에서도 엄마들이 같은 소리로 아이들을 부른다. 그때는 한 동네에서 거의 모르는 얼굴 없이 살았다.

가끔 저녁에 엄마가 안 계실 때는 집 건너 골목길 3층집 2층에 사는 친구네 엄마가 이름을 같이 불러 밥상을 차려주곤 했다.

하지만 지금은 옆집에 누가 살고 있는지 잘 모른다. 이웃사촌이라는 말은 이미 옛말이 되었다. 사회생활에서도 마찬가지다. 같은 생활권에 있으면서도 모르는 사람이 너무나 많다.

2014년 서울의 한 아파트 단지에서는 인근 임대아파트 아이들의 놀이터 사용을 금지해 논란이 일었다. 차단기를 설치하거나 경비원을 세워 임대주택 입주자가 자기네 단지로 들어오지 못하게 했다. 아이들 사이에서는 임대아파트인 '휴먼시아'에 사는 친구를 비꼬는 '휴먼시아 거지'의 약자 '휴거'라는 은어가 회자되기도 했다. 아파트 가격이나 집에 규모가 계층을 나누는 기준이 되고 차별과 고립을 만드는 세태가 만연하고 있다. 비합리적 자본주의인 천민자본주의 사회에서 보여주는 민낯을 여실히 보여주고 있어서 씁쓸하기만 하다.

어디 계층의 단절뿐인가? 세대 간, 성별 간, 종교 간 단절도 갈수록 심화되고 있다. 참으로 안타까운 일이다. 그렇다면 이런 단절이 빚는 사회적인 갈등을 어떻게 풀어나갈 것인가?

우리 모두가 먼저 단절이 빚는 갈등의 심각성을 알아야한다. 단절은 갈등을 불러오고, 갈등은 대립과 불화를 불러일으켜 자칫 공동체를 공멸로 몰고 갈 수가 있다. 공멸은 누구에게나 불행이다. 따라서 우리는 공멸이라는 불행에서 벗어나기 위해서라도 함께 더불어 사는 공동체를 이뤄나가야 한다.

더불어 사는 공동체를 이루기 위해 절대적으로 필요한 것이 '함께' 연결하는 소통이다. 소통만이 갈등을 극복할 수 있고, 공멸이 아닌 공존으로 우리의 미래를 밝힐 수 있다.

우리는 지금부터 사람과의 연결, 즉 '함께' 나누는 소통을 시작해야 한다. '함께' 나누는 소통은 서로를 배려하는 것에서 시작된다. 배려는 상대를 이해하는 마음, 공감하는 마음이 있어야 가능하다. 배려와 공감은 하루 아침에 만들어지지 않는다. 상당한 시간과 노력과 훈련을 필요로 한다.

소통은 단절이 아니라 연결이다. 건강한 가족관계와 사회관계를 연결하는 '함께' 나누는 소통은 양방향의 노력이 수반되어야 한다. 끊임없이 연결하는 소통의 노력이 필요하다.

한 사람 한 사람의 노력이 빛을 본다면 양방향으로 훌륭한 연결이 가능하다. 우리 모두 연결을 만드는 '함께' 나누는 소통법으로 건강한 관계를 맺어 건강한 사회를 이뤄나갔으면 하는 바람이 간절하다.

마음을 여는 열쇠 '소통'

관계를 살리는 지혜

'촌철살인(寸鐵殺人)'이라는 사자성어가 있다. 이는 우리가 주고받는 말은 짤막한 경구도 수북하게 쌓인 큰 논리를 깨부수는 힘을 발휘한다는 의미다. 하지만 반대로 그 말을 잘 못 쓰게 되면 관계를 망치고 상대방을 풀죽게 하는 그야말로 '살인(殺人)'을 저지르기도 한다는 뜻이다.

'말로 입힌 상처는 칼이 입힌 상처보다 깊다.'

                 - 모르코 속담

우리의 뇌는 몸에 난 상처와 마음에 난 상처의 고통을 같은 것으로 인식한다. 그렇기에 잘못된 의사소통은 씻기 어려운 상처를 남기고 결과적으로 교류의 단절을 가져온다. 그래서 우리의 삶에서 인간관계를 올바르게 경영하기 위해서는 의사소통의 결을 잘 다듬는 것이 중요하다. 때론 가슴에 박히는 짧은 말 한마디로 상대를 설득하고 제압하는 '촌철살인'의 소통을 구사하더라도 때로는 슬쩍 져주거나 상대방에게 힘을 실어주는 한 마디로 '활인(活人)'할 수 있는 소통의 미(美)도 살릴 줄 알아야 한다.

이 책을 시작할 무렵 우리는 소통이 우리에게 주어진 숙명이자 평생을 걸쳐 풀어가야 할 과제이며 다양한 변수를 고려해야 하는 복잡성을 띠고 있다는 이야기를 나눴다. 그 복잡한 특성만큼 공부해야 할 부분 역시 많기에 이 책에서도 7가지의 열쇠로 소통의 문을 열고자 하는 노력을 기울였다.

아마 이 책을 읽은 사람마다 각자가 다른 고민, 다른 성찰을 했으리라 생각된다. 이는 책을 읽었던 모든 사람의 삶이 그만큼 다양하기 때문이다. 그 다양한 사람과 환경 그리고 다양한 변수가 적용되는 상황에서 본질을 통찰하고 이치에 맞게 행동한다는 것은 정말 어려운 일이다. 일의 이치, 즉 사리(事理)를 잘 판단해서 대처한다는 '슬기로움'이 이 책의 주제인 이유다.

슬기로운 삶, 슬기로운 소통생활

슬기로운 소통생활은 우리가 사는 복잡한 세상과 그 안에 다양한 관계를 그때마다 사리에 맞게 잘 대처하고 풀어가야 한다는 의미를 가진다. 나를 이해하고 타인과 긍정과 신뢰를 바탕으로 관계하며 서로를 배려하는 마음을 전제로 화자로서 잘 말하고, 또 청자의 마음으로 공감하면 결국 갈등을 줄여갈 수 있고, 다시 연결을 만드는 소통을 할 수 있다. 그리고 이런 태도야말로 '슬기로움'이 넘치는 소통이라 할 수 있다.

사람과 사람이 대면하지 않아도 소통할 수 있는 시대로 발전한 것 같지만, 오히려 소통은 점점 어려워지고 있고, 관계는 단절의 방향으로 흐르고 있다. 하지만 '휴먼 커뮤니케이션'의 주체는 인간(human)이며 인간과 인(人)간의 사이(間)를 조율하는 것 역시 우리 인간이 하는 일이다.

혹시 관계와 소통의 어려움을 느끼고 있는가? 한 발자국 떨어져서 나와 상대방을 바라보고 주머니 속에 숨겨 놓았던 열쇠를 꺼내들어 닫혀 있는 소통이라는 문을 열어보자. 지금 여기에서 조금 더 슬기롭게 말이다.

수작연구회 레인메이커

민현기

교육학 박사. 수작(秀作)의 리더로 콘텐츠를 개발하고 연구하며 글 쓰는 일을 하고 있다. 저서로는 『초연결 시대 어떻게 소통할 것인가』(메이트 북스. 2019), 『프로강사 마인드 셋』(비센샤프트, 2017), 『성공한 리더는 유머로 말한다』(미래지식,2011)등 다수가 있으며, 성인들의 자기개발을 돕는 유튜브 채널 『민사이트(Minsight)』를 운영하고 있다. 현재 〈로젠탈 교육연구소〉 대표로 기업교육 프로그램 개발과 전문 강사 양성, 그리고 TV 방송, 온·오프라인을 오가며 연간 200회 이상 강연 활동을 하고 있다.

곽유진

숙명여자 대학원 교육심리 전공으로 석사 학위를 받았고, 15년차 기업교육 강사로 활동하고 있다. 삼성전자로지텍, 세스코, 티몬에서 10년 넘게 조직을 이해하는 교육팀 교육강사로 일했고, 현재 〈어루만짐연구소〉 대표로 다양한 기업, 공공기관, 대학교에서 강의를 하고 있다. 조직에 대한 이해를 바탕으로 현실적인 대안을 제시하여 실용적인 교육을 지향하는 교육과 사람에 대한 깊은 애정으로 공감력과 문제해결력을 갖춘 타고난 퍼실리테이터(Facilitator)이다.

박현정

소스토리 마음상담코칭 부대표로 기업교육 강사로, 또 심리상담가로 활동하고 있다. 기업교육 현장에서 만나는 많은 사람들이 관계 때문에 힘들어하고 고민한다는 것을 알게 되면서 따뜻한 지지와 속 시원한 해답으로 도움이 되고자 상담심리학 공부를 시작했다. 마음이 힘든 많은 사람들에게 따뜻한 심리상담가로 또 든든한 관계 전문가로 치유와 회복을 돕는 동반자의 길을 걷고 있다.

신영원

'모든 조직과 개인의 성과는 바로, 사람과의 관계에서 시작된다.'라는 생각으로 10여년간 삼성전자, 농협은행, KB손해보험에서 HRD를 담당했고 한양대학교 교육대학원 (인재개발교육) 석사를 마쳤다. 현재는 〈4ever교육연구소〉 대표로서 잡크래프팅, 조직문화, 커뮤니케이션, 감정관리, CS코칭을 주제로 많은 기업과 기관에 출강하며 개인, 조직의 성장을 지원하고 있다. 저서로는 『Happy Human Day, 일상 속 행복을 찾는 5가지 법칙』(비센샤프트, 2019)이 있다.

윤 란

고려대학교를 졸업하고 롯데백화점 Sales Consultant, NH농협은행 교육전임강사를 역임하였다. 현재는 〈더윤기업교육〉 대표로 더 나은 조직과 관계를 위한 소통에 대해 끊임없이 연구하고 현장에 필요한 실무 중심의 콘텐츠를 개발하여 강의하는 커뮤니케이션 전문 강사로 활동하고 있다. 주요 강의 분야는 서비스 문제 해결, 고객경험관리(CEM), 커뮤니케이션, 조직 갈등관리 등이다.

윤혜진

(주)진온 대표이사. 관계의 진정성이 사회에 미치는 영향에 관해 연구하고 현장에서 경험을 나누는 실천적 리더다. 대기업 근무경험을 기반으로, 조직의 관계 이슈를 재정립하고 커뮤니케이션을 개선함으로써 개인과 조직의 성장을 돕는다. 인문학을 접목한 진성 커뮤니케이션을 주요 콘텐츠로 기업과 기관에서 활발하게 강의활동을 전개하고 있다.

이수정

〈더공감컴퍼니〉대표. '진심만이 진심을 얻을 수 있고, 열정만이 열정을 이끌 수 있다'는 신념으로 기업과 공공기관에서 많은 강의와 코칭을 하고 있다. 여러 가지 관계의 이슈들을 다양한 관점으로 살펴보는 소통프로그램, 나를 사랑하고 삶의 의미를 발견하는 자아 확립프로그램, 조직과 함께 성장하는 리더십프로그램, 이 세 가지가 조화된 프로그램으로 많은 사람들의 성장을 도와주고 있다. 저서로는 『나에겐 내가 필요하다』(비센샤프트2019) 가 있다.

이정미

〈커넥트 커뮤니케이션〉대표. 숙명여대 및 동 대학원을 졸업하고 EBS와 대교 어린이TV MC로 활동했다. 더 나은 관계와 성과를 만드는 말하기를 연구하며 강의와 컨설팅을 하는 커뮤니케이션 전문가이다. 저서로는 『스피치를 부탁해』(비센샤프트, 2017)가 있다.

마음을 여는 소통의 7가지 열쇠

슬기로운 소통생활

초판 발행 ┃ 2020년 02월 17일
3쇄 발행 ┃ 2023년 03월 27일

지은이 ┃ 곽유진 민현기 박현정 신영원
　　　　　윤　란 윤혜진 이수정 이정미

펴낸곳 ┃ 출판이안
펴낸이 ┃ 이인환
등　록 ┃ 2010년 제2010-4호
편　집 ┃ 이도경, 김민주
주　소 ┃ 경기도 이천시 호법면 단천리 414-6
전　화 ┃ 010-2538-8468
인　쇄 ┃ 아르텍
이메일 ┃ yakyeo@hanmail.net

ISBN : 979-11-85772-76-9(03320)

「이 도서의 국립중앙도서관 출판예정도서목록(CIP)은 서지
정보유통지원시스템 홈페이지(http://seoji.nl.go.kr)와 국가
자료공동목록시스템(http://www.nl.go.kr/kolisnet)에서 이
용하실 수 있습니다. (CIP제어번호 : CIP2020005262)」

값 13,800원